MICHAEL HAAS

50 LICHT UND SCHATTEN

MÄNNER BETRÜGEN FRAUEN
FRAUEN BETRÜGEN SICH SELBST

Episodenroman einer Generation

EDITION OUTBIRD

Für Barbara und Lea,
mein strahlendes Zwillingsgestirn,

und für meinen ältesten Freund Andreas

*„Liebe, nicht deutsche Philosophie, ist die wahre Auslegung dieser Welt,
wie immer auch die Auslegung der nächsten lauten mag."*
(Oscar Wilde)

*„Was ist Liebe? Liebe ist in dieser Zeit kurioser Seelenverwirrung das
letzte Mittel gegen das Gift der Skepsis, Verzweiflung und Aggression.
Ich wage die Behauptung, dass die meisten Menschen meines Alters über
ihre Beziehung ihre Liebe vergessen, wenn nicht verloren haben."*
(Michael Haas)

Impressum

1. Auflage: Dezember 2017
© Edition Outbird
Imprint im Telescope Verlag
www.edition-outbird.de
www.telescope-verlag.de

Autorenfoto: Privat

ISBN: 978-3-95915-102-3
Preis: 11,90 Euro

Dieser Episodenroman ist rein fiktiv und gründet nicht auf wahren Begebenheiten. Alle geschilderten Handlungen und Personen sind frei erfunden. Ähnlichkeiten mit lebenden oder verstorbenen Personen wären zufällig und nicht beabsichtigt.

Inhaltsverzeichnis

Vorwort   11

1. Das Zwei-Paar-Dinner *oder* Mesalliance par excellence   13
2. Der Controllingleiter *oder* Wunder der Resistenz   19
3. Der Therapeut *oder* Was passiert denn da?   29
4. Das ideale Paar *oder* Vom Glück der mehrfachen Ehe   47
5. Der Österreicher *oder* Komplexe sind treu   59
6. Der Unternehmensberater *oder* Impulskontrollverlust   77
7. Der Generaldirektor *oder* Alte Männer riechen streng   90
8. Die eigenen Kinder *oder* Hohelied der Inklusion   95
9. Die Aristokratin *oder* Endlich schwanger   109
10. Die Kulturschaffenden *oder* Der traurige Mops   119
11. Die Ungarin *oder* Csárdás-Melodie   135
12. Der Sozialmanager *oder* Der Burn-out lauert an jeder Ecke   145
13. Die praxisversierte Pädagogin *oder* Leben in der Diaspora   155
14. Der Theatermann *oder* Der Westfälische Unfriede   162
15. Die Bieder-Nymphomanin *oder* Begegnungen auf dem Jakobsweg   178

Vorwort

Licht und Schatten ... – in einer modernen Welt, in der Verblendung, Unverständnis und Stumpfsinn mit alltäglichen kleinen Grausamkeiten in der Gesellschaft Hand in Hand gehen, sind die Inseln für seelenvolle Herzen rar geworden. Die Geschichten in diesem Buch vermögen Filme auszulösen, die unaufhaltsam über die Leinwand im Kopf flimmern – durchaus unterhaltsam und amüsant anzusehen, allerdings auch zutiefst berührend und aufwühlend, durch ihre unbarmherzige Wahrhaftigkeit und Nähe zur Realität.

Die tiefe Verbundenheit zwischen dem Autoren Michael Haas und mir ist bereits in unserer beider frühesten Jugend entstanden. Junge Rebellen, die oftmals Rücken an Rücken gegen geballte Ignoranz von außen und die Dämonen in ihrem Inneren kämpften – auf der Jagd nach scheinbar unerreichbaren Träumen in ihren eigenen Welten. Unsere Herzen hätten wir dabei mehr als einmal um Haaresbreite verloren und wir hätten es kaltblütig hingenommen, wären unsere Seelen auf der verzehrenden Suche verglüht. Glücklicherweise konnten wir beides behalten und weder Herz noch Seele sind in dunklen Kerkern verbrannt. Was sind schon ein paar Narben?

Nach vielen Jahren habe ich den „Dichterkomponisten" wiedergefunden, der mir immer in Erinnerung geblieben ist. Den, der ganz genau weiß, dass die „Königin der Engel" nur den wenigen erscheint, die ihren unermesslichen Wert erkennen.

In immerwährender Freundschaft

Andreas Löhr – Fliehende Stürme – Herbst 2017

1. Das Zwei-Paar-Dinner *oder* Mesalliance par excellence

Wir hatten uns zum Dinner verabredet, mit einem befreundeten Ehepaar, das uns in unerwarteter Drastik vor Augen führte, was es bedeutet, weibliche Intelligenz mit männlichem Chauvinismus zu verbinden – die Konsequenzen sind immer schrecklich, die daraus entstehenden Ehen entsetzlich.

Iris und Martin bildeten eine Mesalliance par excellence; die Franzosen haben oft die schöneren Vokabeln. Das wurde schon phänotypisch hervorgehoben. Martins gedrungener Körper, den sich die Adipositas und der Suff zur Herberge genommen hatten, war klein, kompakt und auf Effekt gekleidet. Ein expressives, enges, zu allem Unglück auf Taille geschnittenes Hemd, dessen Knöpfe sich mit großer Tapferkeit gegen das wuchernde Fett seines Bauches zur Wehr setzten, hing aus seinen Hosen, betont lässig und damit noch peinlicher als notwendig. Hautenge Jeans und rote Wildlederschuhe von bemerkenswerter Größe beherrschten den Rest der Erscheinung.

Martin lachte fortwährend, und das viel zu laut. Bei der Begrüßung presste er seinen massigen Körper gegen den zierlichen meiner Frau, anzüglich grinsend und stolz wie ein Pfau. Als alter Bekannter reklamierte er Sonderrechte und das unablässig. Seine Kinder mussten ihn mit Vornamen rufen, auch weil er Wert darauf legte, als gleichberechtigter Freund und nicht als Vater zu gelten. Martin kannte vielleicht sein Alter, aber gewiss nicht dessen Bedeutung.

Iris hingegen war sehr zurückgenommen, diskret und scheu. Eine hübsche Frau mit schönen, noblen Gesichtszügen war sie der fleischgewordene Antagonist zu ihrem Mann, der sich, als wir uns im Restaurant trafen, gleich dazu berufen fühlte, die ihm sinnvoll erscheinende Sitzordnung zu definieren, brüllend vor Lachen und kaum zu beruhigen. So saß ich ihm schließlich schicksalsergeben direkt gegenüber, links von seiner Frau, die er ständig taxierte, manchmal feixend, manchmal ermahnend. Wann immer es ihm nötig erschien, seinen Status als Chefprimatenmännchen unter Beweis zu stellen, beugte er sich weit über den Tisch, befingerte ihre Arme und schrie: „Iris, brav sein. Lächeln!"

Luise hatte er mir entrissen. Sie saß nun zur Linken des Troglodyten, der mit seinem derben Organ das ganze Restaurant unterhielt. „Na, was trinken wir vorneweg?", schnaubte er fordernd. „Ein Bierchen? Einen Cocktail? Was nun?" Seine ungepflegte Pranke – die Maniküre vieler Männer reduziert sich auf das unregelmäßige Benagen ihrer schmutzunterlegten Nägel – schlug krachend auf den Tisch, als seine Blicke ungeduldig den Kellner suchten. „Komm' Luise, sei nicht so zurückhaltend", grölte Martin, „es reicht doch, dass Iris ein Trauerkloß ist." Seine Kumpanei war alkoholgebadet, seine Galanterie, oder was er dafür hielt, ein Gieren nach Aufmerksamkeit. „Mit Iris auszugehen, ist absolut sinnlos", begann er wieder, seine Frau herabzusetzen. „Um Mitternacht ist sie müde, macht schlapp und will immer nach Hause. Stimmt doch, Iris?" Einmal mehr beugte sich Martin weit über den Tisch, zerstörte das schön gestaltete Blumendekors, drückte rüde den Oberarm seiner Frau und grinste gehässig.

Iris' Gesicht hatte sich verdunkelt. Ihre Augen blickten inwendig und sie massierte mit melancholischem Lächeln ihren Arm, der nach dieser unmotivierten Attacke erheblich schmerzen musste. „Du siehst heute sehr elegant aus, Iris", bemühte ich mich um eine freundliche Ablenkung, ignorierte die unverschämte Grimasse ihres Mannes, und fragte sie, wie es ihr in den letzten Wochen ergangen sei. Dankbar schaute sie auf, straffte ihre Schultern und lächelte wie ertappt. „Die letzte Zeit war etwas anstrengend. Die Kinder", sie hatten zwei Söhne, beide noch in der Pubertät, „fordern mich momentan mehr als sonst und auch die Arbeit in der Boutique ist kräftezehrend." Iris, die immer gefasste, selbstlose Iris, hatte offensichtlich Kummer, wenn sie auch alles dafür tat, ihn zu verbergen. Für sie glich es einem Offenbarungseid, überhaupt zu erwähnen, dass nicht alles zum Besten stand. Ihr sanftes, weich konturiertes Gesicht konnte jedoch nicht verbergen, dass sie müde, erschöpft und angegriffen war. „Ich arbeite mehr als sonst, da viele Kolleginnen krank sind", bekannte sie überraschend offenherzig, die Schultern hochgezogen, als fröstele sie. „Leider lohnt sich die Schufterei nicht." Resigniert senkte sie den Blick ihrer geröteten Augen und entfernte mit hastigen Gesten imaginäre Brösel von der blütenreinen Tischdecke. „Ich bin in der falschen Steuerklasse. Es bleibt fast nichts übrig, wenn ich über das übliche Salär hinauskomme", erklärte sie uns bekümmert, wenn auch, so zumindest schien es mir, mit amüsierter Selbstironie, die einen Widerspruch in sich barg, der ihrem Mann zu gelten schien.

Martin zuckte zusammen: „Mein Gott, du kannst ja reden? Was ist denn mit dir los, Iris?" Sein Gesicht schien zu klein für die große Häme seiner Worte. „Weißt du", raunte er mir verschwörerisch zu, „sie geht zwar arbeiten, aber nur, um unter die Leute zu kommen. Ihr Gehalt", er prustete vor Erheiterung, „entspricht nicht einmal einem Zehntel dessen, was ich verdiene." Ich ignorierte sein selbstgerechtes Geschwätz, wandte mich wieder Iris zu und fragte sie, ohne Martin weiter zuzuhören: „Was verkaufst du eigentlich?" „Wir verkaufen Kosmetik- und Wellnessartikel, für Männer und Frauen", erklärte Iris. „Ja", fuhr ihr Martin mit Genuss in die Parade, „sie verkaufen Dinge, die die Welt nicht braucht." Iris wurde blass und schwieg. Luise, deren Talent, Dissonanzen aufzulösen, unerreicht ist, lächelte Iris an, nahm ihre Hände und sagte: „Iris' Geschmack ist außergewöhnlich. Nicht umsonst ist sie Schmuck-Designerin." „War Schmuck-Designerin wäre wohl angebrachter", ließ Martin nicht ab, seine Frau zu demütigen. „Seit der Geburt unserer Kinder geht da nichts mehr", verkündete Martin frohgemut, als teile er etwas Schönes, für Iris Schmeichelhaftes mit. Längst hatte ich aufgegeben, diesem Mann positive Absichten zu unterstellen. Sein Komplex war unheilbar. Er hatte sich dazu entschieden, seine reizende Frau dafür zu bestrafen, dass er nicht sein konnte, was sie war – schön und klug.

Hässliche Menschen sind, das lehrte mich Martin eindrucksvoll, selten charmant. Sie beharren auf Anerkennung und ertragen es nicht, wenn sie Schönheit umgibt. Sie sind meist unerbittlicher als Stalinisten und ihre berechnenden Bosheiten kreisen um Neid und Verdruss. Ein sprechendes Zeugnis dafür, was es bedeutet, Zivilisation zu fordern und Barbarei zu leben. Wer immer die Stimme erhebt, um an den Unterschied von schön und hässlich zu erinnern, wird von hässlichen Menschen hören müssen, dass Schönheit nicht von Bedeutung sei und Hässlichkeit nicht existiere.

Unsere Gesellschaft gefällt sich darin, hässliche Aspekte des Daseins zu verleugnen und immer dann euphorisch zu werden, wenn eher Anlass zu Verzweiflung und Trauer besteht.

Feigheit hat große Konjunktur, bei uns, den geläuterten Demokraten, und eigene, unabhängige Ansichten zu vertreten, gilt längst als obszön. Die Blinden erläutern den Sehenden Farbe und Licht und nur ganz selten erlaubt sich ein freier Geist, dagegen vorzugehen. Das zu wissen, bedeutet nicht, richtig zu handeln, das zu wissen, bedeutet jedoch für mich, wann immer möglich, jene zu unterstützen, die schön und verletzlich sind.

„Hast du nie vorgehabt, in deinen alten Beruf zurückzukehren?", unternahm ich einen letzten Versuch, Iris aus den verbalen Klauen ihres Mannes zu befreien. „Doch, das habe ich", bestätigte Iris mit Nachdruck. „Vielleicht gelingt es mir, wenn die Kinder groß und außer Haus sind." Iris schluckte mehrmals hart, ehe sie gedankenverloren ihren Satz zu Ende führte: „Vier Jahre sind überschaubar." Iris hielt kurz inne und ließ, wie mir schien bewusst, eine Pause eintreten, als wisse sie, was nun kommen musste. „Blödsinn", knurrte Martin, „du hast doch keine Ahnung von modernen Design- und Computer-Programmen." „Das lässt sich doch lernen. Iris hat ein geschultes Auge und neue Techniken eignet sie sich schneller an als jeder andere. Wie könnten Talente verloren gehen", sagte Luise, Iris mit einem warmen, strahlenden Lächeln in ihrem Glauben bestärkend, und ich wusste in diesem Augenblick, dass ich es nie ertragen würde, Luise zu verlieren. Ohne Luise wäre die Welt ein Vakuum, dunkle Materie, ohne Bestimmung. Als Spielball jener mysteriösen Destruktion von Raum und Zeit könnte die Welt ohne sie nicht bestehen. Nur ihre kluge Schönheit und schöne Klugheit schenkte mir grenzenlose Freiheit, die ich jedoch nie fordern, noch brauchen würde, denn ich war längst Teil ihrer Freiheit, die mich in allem umgab, was ich dachte, tat und fühlte.

Luise hätte sich nie von zweibeinigen Hässlichkeiten beleidigen lassen. Ihr ganzes Wesen atmete Freiheit, Licht, Energie und Kraft, und so war auch ich geschützt, denn sie liebte mich bedingungs- und grenzenlos und kannte keine Gnade, wenn jemand mir schaden wollte. Die Hässlichkeit vieler Ehen war uns fremd. Unsere Ehe wurde in Schönheit geboren und ich kenne keinen Tag, der mich nicht dieses Wunder immer wieder neu erfahren ließe.

Iris aber war gefangen, geschmiedet an ein riesiges Tableau der Verpflichtungen. Doch unter der Oberfläche ihres vorgeblichen Fatalismus' glomm schon das Feuer der Rebellion, denn als ihr Mann beginnen wollte, erneut über das Unvermögen seiner Frau zu sprechen, blickte sie ihn mit harten Augen an, besann sich kurz und sagte: „Wenn ich geschieden bin, ändert sich nicht nur meine Steuerklasse, sondern auch das Spektrum meine Möglichkeiten." Martin stockte der Atem und zum ersten Mal an diesem Abend war er sprachlos, starrte mit offenem Mund auf das strenge Gesicht seiner Frau, wohl wissend, dass sie keine blind adressierten Drohungen aussprach, sondern eine Entscheidung getroffen hatte. Er versuchte noch einen Scherz, doch niemand schenkte ihm Beachtung und die junge, asiatische Bedienung, der er schon zu Beginn schöne Augen gemacht hatte, wies ihn höflich in seine Schranken, als er erfahren wollte, was sie, eine hübsche Chinesin, dazu brächte, hier zu arbeiten. Mit emotionslosem Lächeln ignorierte sie seine Frage, wandte sich mit großer Freundlichkeit Iris zu und wünschte ihr und uns einen schönen Abend. Martins Trinkgeld hatte sie mit spitzen Fingern zurückgeschoben.

Es wäre interessant zu wissen, wo Iris in vier Jahren Karriere machen und Menschen bezaubern wird.

2. Der Controllingleiter *oder* Wunder der Resistenz

Täglich werde ich mit Herrn Hascher konfrontiert. Er ist mein Kollege, nominell Leiter der Controllingabteilung, zwei Jahre älter als ich und damit dem Fünfziger-Rubikon um einen Schritt näher, was jedoch nichts besagen will, denn mein Kollege ist eher tot als lebendig, wenn auch gesund, physisch besehen und finanziell. Sein Typus ist, wie sein Auftreten, eher unscheinbar und damit gegen jede Widrigkeit des Daseins immun.

Nach dem nächsten, dem letzten Krieg, der alle Spielarten und Varianten thermonuklearer Vernichtung entfesselt, werden neben den chitingepanzerten Insekten auch die Haschers dieser Welt überleben, denn ihre Resistenz ist weit größer als ihre Engstirnigkeit und schon diese ist beträchtlich.

Herr Hascher, dem ich lange zugute hielt, niedlich zu sein, ist weit davon entfernt, eben jene Qualität zu besitzen, und das obwohl sein gesamtes Auftreten diese Wahrnehmung unterstützt. Das Offensichtliche kann trügerisch sein und das wahre Naturell eines Menschen auf wundersame Weise verbergen, wenn auch nur für geraume Zeit. Wer Herrn Hascher zum ersten Male am Telefon kennenlernt, wird amüsiert sein und glauben, das warmherzige Interesse, das der fröhliche Singsang seiner Stimme suggeriert, sei bezeichnend für diesen vollbärtigen, leicht adipösen Herrn mit ewig lächelndem Gesicht, doch er wird sich täuschen.

Herr Hascher begegnet jedermann freundlich, fast devot. Bei seinem Chef jedoch kennt seine sklavische Demut keine Grenzen. Er ist auf eine Weise beflissen, dass ich mich immer frage, ob er noch genug Würde besitzt, sich vor sich selbst zu ekeln. Offenbar habe ich einen Sonderstatus, da ihm bei mir noch weit mehr als bei anderen daran gelegen ist, Sympathie zu erwecken. Vielleicht, weil er ohne mich keinen

Antagonisten besäße, vielleicht auch, weil es ihm großen Genuss bereitet, in mir sein negatives Alter Ego zu erkennen.

Mein subversives Auftreten macht ihm Freude und wenn ich mich, was häufig geschieht, über die indiskutable Art beklage, mit der unsere Vorgesetzten ihren Geschäften nachgehen, ist er immer ganz meiner Meinung, bestätigt meine Einschätzungen und ist mein engster Freund. Sobald es jedoch darum geht, sich in größerer Runde zu äußern, verliert sich jede Latenz, eine Meinung zu haben, und seine kurzsichtigen Augen blicken angestrengt auf die Unterlagen, die er immer mit sich führt. Seine Blicke erheben sich erst, wenn der Geist der Rebellion im Kanonenfeuer der Hierarchie zugrunde gegangen ist.

Herr Hascher ist in vielem das arithmetische Mittel einer verlorenen Generation Fünfzigjähriger, die nichts anderes fantasieren als die Ankunft im rettenden Hafen der Rente. Hascher hat nach Abitur und Wehrdienst bei der Marine ein praxisnahes Fachhochschulstudium absolviert. Schon in jungen Jahren investierte er hohe Summen in kapitalbildende Versicherungen, ehe er, eben 26 Jahre geworden, eine Junggesellenwohnung erwarb, von der er sagt: „Das war der Anfang. Die Wohnung war günstig und meine damalige Freundin recht sparsam. Wir haben uns auf das Wesentliche konzentriert." Offenbar war die damalige Freundin eine Gewährsgröße für seriöse Geldanlagen. Der junge Hascher hatte zwar kein persönliches Ziel, aber eine Gewissheit, die sich auch daraus nährte, dass Mutter und Vater mehrere Häuser in die Ehe brachten und es ihm, als ältestem Sohn und Stammhalter der Familie, ratsam erschien, ihr Erbe nicht nur zu bewahren, sondern zu vergrößern.

Haschers Eltern sind beide bei einem Unfall verstorben, was ihm noch immer großen Kummer bereitet, da er sie mehr vermisst als die kurze Phase sorgloser Jugend, die er sich selbst zugestehen wollte. Er spricht von ihnen mit Zuneigung und würde wohl selbst seine Eigenheime opfern, könnte er sie damit zurückholen.

Seine berufliche Genealogie war dann naheliegend, wenn nicht zwangsläufig. Erst Sachbearbeiter, dann stellvertretender Leiter und schließlich Leiter der Controllingabteilung eines namhaften, mittelständischen Automobilzulieferers, avancierte er Schritt für Schritt. Hascher hatte jedoch keine Freude an einer Führungsfunktion, die ihn von Zeit zu Zeit dazu zwang, Entscheidungen zu treffen oder gar anderer Meinung zu sein als sein Chef. Ein Ski-Unfall enthob ihn schließlich der Verlegenheit, immer wieder neu zu entscheiden, was seinen Interessen am nächsten kam. Hascher quittierte krankheitsbedingt den Dienst und ging für ein halbes Jahr in eine Rehaklinik. Danach verbrachte er, im Status des Leichtinvaliden, ein weiteres halbes Jahr zuhause. Ohne große Freude daran, Herr seiner Tage zu sein, war die Phase zwangsläufiger Rekonvaleszenz mehr Last als Befreiung, da ihn mit Elke, seiner Frau, nichts mehr verbindet, als die Hoffnung, einander nicht zu begegnen, was beiden erstaunlich gut gelingt. Herr Hascher, der selten über Privates spricht, kommentierte seine Ehe einmal mit bitterer Larmoyanz: „Meine Frau sagt immer, Kurt, was dir fehlt, ist weit mehr als ein guter Job, was dir fehlt, ist ein anderes Leben." Ich weiß nicht, ob Elke recht hat. Elke, die vorgeblich bissige, hartherzige Elke, ist vielleicht auch nur Opfer eines Mannes, der noch nie etwas wollte, das Freiheit versprach. Elke teilt mit einem Mann ihr Schlafzimmer, der jeden Abend, im Sommer wie im Winter, um acht in sein separates Bett geht, das er, Tag für Tag, im Morgengrauen wieder verlässt, angeblich, weil der Familienhund, ein monströser Bullmastiff, auf diese Zeiten konditioniert sei. Es scheint eher, als konditioniere der Hund seinen Halter. Doch der Hund weiß nichts von seinem Einfluss und folgt seinem Herrn, sklavisch und ohne zu fragen, und damit wie dieser ein Opfer der eigenen, immer begrenzten Sicht.

Die vier Kinder aus dieser freudlosen Ehe sind gut erzogen, fleißig und ohne Anlage zum Widerspruch. Unter der Oberfläche strikter Harmonie sind jedoch bereits erste Eruptionen spürbar, die Schlimmes ahnen lassen.

Familie Hascher hat sich selbst auferlegt, einem Sozialplan zu folgen, der viele und strenge Vorgaben formuliert. Jedes Kind hat die Möglichkeit, Credit Points zu erwerben, die am Ende des Monats ihren Niederschlag in der Höhe des Taschengelds finden, das jedoch, so gebietet es das Haschersche Pflichtgefühl, immer bescheiden bleibt. Den Familienhund auszuführen, ist beispielsweise lukrativer, als den Müll zu entsorgen, und das Zimmer aufzuräumen gewinnträchtiger, als das Haus zu saugen, denn, so Herrn Haschers Credo: „Kinder lernen direkt, nicht indirekt. Der Wert des Geldes ist ihnen dann am klarsten, wenn sie ihn täglich erfahren in dem, was sie tun." Besonderen Eindruck hinterließen bei mir Herrn Haschers Überlegungen, was das Sparen betrifft. „Mein Sohn ist so alt wie sein Konto", ließ mich Herr Hascher, frei von Ironie, unlängst wissen. „Er wird später dankbar sein, wenn er sieht, was Sparsamkeit ermöglicht." In solchen Augenblicken schaut Herr Hascher immer ganz versonnen, lächelt entrückt und beginnt, mechanisch Blätter zu sortieren, deren Bedeutung sich längst verloren hat.

Herr Hascher hat viele Rücklagen gebildet und plant verbindlich seinen nahen Tod, wenn er auch insgeheim weiß, dass er ein biblisches Alter erreichen wird. Er ist einer jener Frösche im Tümpel des Daseins, die trister quaken als ihre Gefährten, und das nicht etwa, weil sie auf sich aufmerksam machen möchten, sondern, um im Konzert der vielen eine Stimme zu haben, die jedem gehören könnte.

Dennoch plagen Herrn Hascher irreguläre Sorgen. Einer der wohlerzogenen Jungen, die, gequält von der Schwerkraft des Haschersche Vorstadtidylls, nicht länger Schritt halten können auf dem Weg in Konformismus, Stumpfsinn und Langeweile, konsumiert synthetische Drogen: Überraschend für Herrn Hascher, naheliegend für jeden, der Phantasie genug besitzt, sich einen Jungen vorzustellen, dessen Sinne erwachen, doch der nichts vor sich sieht als eine Folie trostloser Banalität.

Herr Hascher liebt seinen Sohn auf die ihm eigene lebensnegierende Weise und steht dennoch ahnungs- und fassungslos vor dem Schreckensbild seiner depressiven jungen Seele, die doch er und seine Frau vergiftet haben. Blind für die Bedürfnisse ihres Kindes haben sie es versäumt, ihm Verständnis und Liebe zu schenken, und das an jedem Tage neu.

Es gibt wenig Abstoßenderes als Eheleute in mittleren Jahren, deren Erstaunen keine Grenzen kennt, weil ihre Verfehlungen ihnen weder fühlbar noch kenntlich sind. Vieles mag ein Kind seinen Eltern nachsehen und verzeihen, doch gewiss nicht ein steinernes Herz.

Die fünfzigjährigen Haschers haben ihrem Leben vor langem bereits ein Ende gesetzt, doch vergessen, dass an ihrem erloschenen Kreislauf familiären Lebens Kinder hängen, die sich nicht nach Belieben abkoppeln und von den Entscheidungen ihrer Eltern emanzipieren können. Im Gegenteil wird ihr seelisches Immunsystem unablässig toxisch unterwandert, ohne dass es angemessene Abwehrreaktionen entwickeln könnte. Nichts und niemand ist weniger frei als ein Kind, nichts und niemand unterliegt mehr dem Gesetz des Zufalls als ein Junge von 15 Jahren. Ein fünfzehnjähriger Junge entscheidet nicht darüber, ob sein Vater seine Freizeit darauf verwendet, Leergut zu sammeln, ohne jede Notwendigkeit, doch getrieben von der pietistischen Lust, Geld zu verdienen, als verbinde sich damit sein ganzes Glück.

Das Glück des Nehmenden ist dem Hascherschen Menschen so fremd wie das Glück des Gebenden. Das einzige Glück, das sie kennen, ist das Glück, Geld und Gut vererben zu können. Herrn Haschers Sohn sehnt sich nach anderem, als Haschers Seele kennt. Er sehnt sich nach Freiheit, vielleicht auch nach einem leidenschaftlichen Leben, gewiss jedoch nach Menschen, die sich für etwas und jemand begeistern können und die mit den Lemuren nichts gemein haben, die seine Familiensphäre bevölkern. Seine Tanten, Elkes Schwestern, leben alle noch bei der fünfundachtzigjährigen Mutter. Keiner von ihnen ist es je gelungen, das elterliche Haus oder gar das Dorf zu verlassen, in dessen Bannkreis sie, Schritt für Schritt und unabwendbar, seelisch verkrüppelt sind.

Und sein einziger Onkel, Haschers jüngerer Bruder, ist ein kahlköpfiger Mann, fett, hässlich, verschlossen und schweigsamer als die Nächte am Polarkreis. Sein Vater trifft seine einzige familiäre Vertrauensperson, komme, was da wolle, am zweiten Donnerstag jedes Monats, um mit ihm kegeln zu gehen, im dorfeigenen Sportcenter, dessen Preise, selbst in Haschers Augen, noch moderat sind. Dort im Foyer, an schmierigen Tischen, eingehüllt in einen Brodem aus Schweiß und Desinfektionsmittel, trinken sie dann, nach immer fünf Kegelrunden, zwei Gläser billigen Wein, starren sich an, sprechen von Dingen, die schon tausendmal besprochen wurden, und vollenden ihren Exzess, indem sie erst aufstehen, wenn das Sportcenter schließt. An diesen zweiten Donnerstagabenden im Monat lässt sich Herr Hascher gehen und kehrt erst um zehn Uhr abends nach Hause zurück. An dem darauffolgenden Samstag versorgt er dann mit unerbittlicher Routine, gemeinsam mit einem früh vergreisten Cousin, diverse Rübenäcker, die im letzten Krieg dazu beigetragen haben, die Ernährungslage der Haschers zu verbessern. Die Haschers dieser Welt sind immer gut genährt und nie auf der Seite jener armen Schlucker, die harte Sanktionen erfahren und Hunger leiden. Es ist gewiss nicht meine Bosheit, die ein Bild vor mein imaginäres Auge zaubert, das die Mentalität – den Charakter – der Haschers spiegelt.

Die Haschers zählen eher zu jenen Menschen, die während der zwölf Jahre währenden völkischen Hysterie von 1933 bis 1945 zu ihren jüdischen Nachbarn gegangen sind, um sie leichten Herzens zu enteignen, etwas beklommen vielleicht, doch ohne jeden Zweifel an der Legitimität ihres Handelns. Mit einem dienstbeflissenen Lächeln – sie waren in ihrer Funktion als Hauswart offiziell dazu verpflichtet – hatten sie den Mandelbaums von gegenüber erklärt, sie müssten ihre Wohnung binnen zwölf Stunden räumen. Der Führererlass sei klar und präzise und schreibe unmissverständlich vor, dass jede jüdische Familie, selbst die Mandelbaums, ihre Wohnung einem verdienten Volksgenossen zu übergeben habe. Möbel, Gemälde und andere Besitztümer der Mandelbaums hätten in der Wohnung zu verbleiben, da sie nun Deutschland gehörten. Zuwiderhandlungen oder Diebstahl am Volkseigentum würden hart bestraft. Da kenne der Führer kein Pardon. Schließlich besäßen Juden keine Eigentumsrechte mehr. So habe es der Führer verfügt, und der Führer habe immer recht. Jeder erwachsene Mandelbaum dürfe jedoch einen Koffer mit Kleidung mitnehmen. Mehr jedoch nicht. Daran sei nicht zu rütteln. Das genüge vollauf für die zweiwöchige Reise nach Polen, wo die Juden im Warthegau eine neue Heimat erwarte.

Ich sehe Großvater Hascher vor mir stehen, in kotbrauner Uniform und auf dem Kopf die unförmige Kappe des NSDAP-Parteipöbels. Über den erheblich gewölbten Wanst zieht sich der obligatorische Ledergurt zu den Schultern. Den linken Daumen eingehakt in den Gürtel, knapp unter dem blechernen Koppelschloss mit eingeprägtem Hakenkreuz, steht Großvater Hascher leicht wippend auf den Fußballen. Sein fettes Gesicht trägt ein joviales Grinsen zur Schau und lässt wenig Gutes ahnen. Im Angesichte dieser Erscheinung trivialer Bosheit werden die Mandelbaums schnell gewusst haben, was die Stunde geschlagen hatte. Die Mandelbaums fühlten instinktsicher – 2000 Jahre Verfolgung sensibilisieren Menschen für gefährliche Situationen –, dass die biederen Haschers weit gefährlicher waren als sie schienen, denn die Haschers waren von einer Rechtschaffenheit durchdrungen, die nicht auf Mitmenschlichkeit gründete. Die Haschersche Moral war das Abbild ihrer Träger: Sie gründete auf Unterdrückung und Vorschrift, nicht auf Freiheit und Einsicht.

Nach diesem Wochenende werde ich Herrn Hascher am Montag wieder sehen und hören, doch nicht begreifen. Seine Präsenz verdankt sich der Pflicht, nicht seinen Wünschen. Seine Arbeit dient keinem Zweck, nur einer Norm. Immer, wenn ich das Foyer unserer Firmenzentrale hektisch durchquere, ich komme häufig zu spät, und dann ungeduldig auf den Aufzug warte, werfe ich einen Blick in sein stets besetztes Büro nahe der Rezeption, und immer ist es die ewig gleiche Szene, die ich sehe: Leicht nach vorn gebeugt sitzt Herr Hascher, hingebungsvoll telefonierend, an seinem akribisch geordneten Schreibtisch, auf dem sich, zu akkurat ausgerichteten Türmen gestapelt, zahllose Papiere häufen. Den buschigen, üppig wuchernden Vollbart an die Muschel seines Telefons gepresst, redet er, etwas zu laut, in hoher Stimmlage und augenscheinlich konzentriert, mit seinem virtuellen Gegenüber. Sein Dialekt klingt eher angestrengt-freundlich, nicht aggressiv oder boshaft, wie es bei vielen seiner Landsleute der Fall ist. Seine bebrillten Augen, die meist müde wirken, fixieren dabei Zahlenkolonnen auf dem Bildschirm seines Computers, ganz so, als gälte es, einen mysteriösen Code für ein noch mysteriöseres Rätsel zu finden. Was immer sein Hirn in solchen Augenblicken durchfluten mag ist fernab einer Bewusstseinsebene, die ihm bekannt sein dürfte.

Ich verachte Herrn Hascher nicht, doch ich fürchte seinen Typus, von dem ich weiß, dass er, käme er in die fatale Lage, eine Entscheidung zu treffen, die einer staatlichen Autorität missfiele, keinen Augenblick zögern würde, mich zu sanktionieren, und das gewiss nicht aus Hass.

Persönliche Animositäten sind dem Hascherschen Typus eher fremd. Dennoch würde ich wohl schneller im Arbeitslager landen als die Mandelbaums angewiesen wurden, ihre Wohnung zu verlassen, denn er ließe sich keine Zeit für ein Gefühl der Sympathie.

Wie sollten diese Menschen einen adoleszenten Jungen verstehen, dessen Depression das Ergebnis der Hascherschen Lebensweise ist? Die einzig gesunde Reaktion im Elend verlogener Bigotterie ist die Rebellion. Die einzige Hoffnung, inmitten der Tyrannei toter Seelen zu überleben, liegt wahrscheinlich darin, mit gleichmütiger Miene zu hassen. Viel schiene gewonnen, wenn die Elendsbringer erkennen würden, dass sie und nicht etwa ihre bedauernswerten Opfer eine Therapie machen sollten. Die Haschers dieser Welt, ihre Borniertheit und hermetische Weltsicht, sind sehr gefährlich, denn der von ihnen praktizierte Konformismus ist bedingungslos konsequent und brutal.

Jerzy Lec, ein polnischer Aphoristiker, den ich über die Jahre zu schätzen gelernt habe, resümierte das ganze Elend des Konformismus in einem brillanten Aphorismus: „Ich stimme mit der Mathematik nicht überein", so Lec, „ich meine, dass die Summe von Nullen eine gefährliche Zahl ist." Eine eins vor sechs Nullen macht aus einem vermeintlichen Nichts eine gewaltige Kraft, die, wird sie in eine falsche Richtung gelenkt, Schäden von biblischem Ausmaß freisetzen kann.

Ein Zitat von Herrn Hascher bewahrheitet meine These, wenn auch nicht auf einer Ebene, die staats- und gesellschaftspolitisch bedeutsam wäre. Dennoch verrät das Zitat viel darüber, welche Prioritäten das Leben einer Hascherschen Null bestimmen. Angesprochen darauf, warum er sich grundsätzlich in den letzten Jahren dagegen gewehrt habe, einer Gehaltserhöhung zuzustimmen, die seinen direkten Kollegen – und ihm selbst – zugutegekommen wäre, sagte er, ruhig und besonnen und ohne Versuch, seine wirkliche Meinung zu kaschieren: „Würde ich eine Gehaltserhöhung empfehlen, könnte das tatsächlich eintreten. Ich würde nie einen Chef um eine Gehaltserhöhung bitten, wenn mir seine Zustimmung naheliegend erschiene." Wer der Sohn eines solchen Mannes ist, dachte ich unlängst, als ich mit ihm, plaudernd über die lokalen Nachrichten unserer Stadt, am Mittagstisch eine Tasse Kaffee trank, muss Freude an Drogen entwickeln und vielleicht auch daran, zu schockieren – mit allem, was Geist und Körper zu bieten haben.

Nüchtern betrachtet ist dieser Mann eine Schande für sich und alle, die ihm nahestehen. Sicher, er ist freundlich, doch wer wäre das nicht von Zeit zu Zeit? Hinter der Fassade seines nahezu immer freundlichen Gesichts sehe ich einen Grimassen schneidenden älteren Mann, der sich daran erfreut, all das zu tun, was ihm versagt geblieben ist, in der eigenen Kindheit und Jugend, die so unsagbar öde, verzweifelt und kalt gewesen sein muss, dass es die nächste Generation noch schaudern lässt.

Haschers älterer Sohn hatte verbrannte Erde betreten, als er begann, das zu fühlen, was sein Vater aus seinem Leben getilgt hatte. Dessen entseelte, fünf Jahrzehnte währende Existenz machte ihm Angst, weil er wusste, ihn zu beerben und es ihm gleich zu tun, würde weit leichter sein, als ein anderes Leben zu führen. Er ahnte, nur eine radikale Tat würde vielleicht genug Kraft entfalten können, sich zu befreien und mit sich auch seinen Vater, der unablässig mit dem Sterben kokettierte, ohne den Tod zu kennen.

3. Der Therapeut *oder* Was passiert denn da?

Romans Leidenschaften sind vorgeblich zahllos, tatsächlich hat er jedoch nur eine, zumindest eine offensichtliche – sich selbst – und diese Leidenschaft verfolgt er beharrlich.

Über viele Jahre hinweg traf ich Roman fast immer am Ende der Woche. Ich traf ihn, wie das Licht den Abend trifft, ermüdet und grau, nach einer Woche unbarmherziger Arbeit, die rituell damit beschlossen wurde, dass wir uns mit Tee und Zigaretten für das erlittene Elend belohnten.

Wir trafen uns grundsätzlich abends, in seiner Praxis am Rande der Stadt. Andere Zeiten und Treffpunkte standen nie zur Debatte. Sie hätten Roman missfallen und ich wollte ihm keinen Anlass geben, zum hundertsten Mal darüber zu räsonieren, was mich glauben ließe, dass Gespräche, „die sich bedeutsamen Dingen widmen", an beliebigen Tagen stattfinden könnten. Roman hatte, daran bestand kein Zweifel, nie das Gefühl, seine Einsichten könnten falsch sein oder Irrtümern folgen. Ihn, davon war er überzeugt, umgab eine Gloriole aus Geist und Bedeutsamkeit.

Nach einer philosophischen Stunde in seiner Praxis, in der Roman professoral über Gott und die Welt dozierte, brachen wir auf, um den Rest des Abends in hässlichen Raucherbistros zu verbringen. Da ich Romans Kettenrauchen nicht diskutieren wollte, war ich dazu verurteilt, mit ihm in unfassbar trostlosen Vorstadtbistros zu sitzen, deswegen, aber auch, weil ich nie die Courage besaß, meinen eigenen Willen durchzusetzen.

Nichts deprimiert mich mehr als deutsche Bistros. Ihre Interieurs erreichen legendäre Werte auf den Skalen beispielloser Tristesse. Roman kannte meine Vorliebe für Stadtcafés und wahrscheinlich haben wir eben deshalb nie ein solches besucht, sondern, ganz ohne Not, an reizlosen Plätzen den Gang der Zeit verfolgt. Ich teile Romans Überzeugung noch nicht einmal ansatzweise, dass Orte ohne Bedeutung wären. Vielleicht, weil ich in meinem Leben oft an Orten gelebt habe, die zu vergessen mir schwer fällt. Selbst wenn ich so alt wie Gadamer würde, blieben sie mir gegenwärtig und das gewiss nicht, weil mich ihr Charme verzaubert hätte.

Ich werde heute, fast fünfzigjährig, immer lärmempfindlicher und so bin ich darauf bedacht, laute, hässliche Orte zu meiden. Nur auf diesem Wege gelingt es mir, einen Großteil jener schreienden Hysteriker auf Distanz zu halten, die unsere Städte zwischenzeitlich unter sich aufteilen.

Hysteriker sind – für mich – ausnahmslos alle Personen, die in der Öffentlichkeit, ohne jedes Empfinden für Diskretion, telefonieren. Eingezwängt zwischen ungut riechenden Menschen darf ich an jedem Morgen miterleben, wie banal sich das Leben der Menschen gestaltet. Ich habe längst keinen Zweifel mehr, dass die U-Bahn nur erfunden wurde, um Menschen wie mich daran zu erinnern, dass ein Kollektiv nicht die Summe seiner Individuen ist. Ein Kollektiv ist weniger die Summe als vielmehr das Konzentrat einer Spezies und das verheißt wenig Gutes.

An vielen Orten werde ich schnell klaustrophobisch. Erst seit Luise meine Existenz mit souveräner, klarer Grenzziehung zu den anderen beschützt, kann ich Urteile treffen, die keinem spontanen Impuls geschuldet sind und damit Substanz erhalten. Früher jedoch gehorchte ich grundsätzlich meinem ersten Impuls und ging, wann immer ich es nicht mehr ertragen konnte, abrupt und ohne Rücksicht auf Anstandsregeln. Sobald mir Orte und Menschen bedrohlich und hässlich erschienen, ging ich fort. Offenbar habe ich nie die Phobie jener Menschen ablegen können, die lange Zeit nur überleben konnten, weil sie klug genug waren, nicht gar zu sehr in Erscheinung zu treten.

Absurderweise arbeite ich heute in einem Metier, das sich der Öffentlichkeit verschrieben hat, und das mit Erfolg. Gewitzt durch jahrzehntelange Erfahrungen mit obskuren Persönlichkeiten gelingt es mir gut, den narzisstisch motivierten Libidoattacken und affektiven Funktionsstörungen all jener ein Forum zu geben, die gut beraten wären, ihren Mund zu halten.

Öffentliche Blamagen werden selten als solche erlebt, sondern oft geschätzt und gesucht. Beglückt über sich – ihre öffentliche Präsenz – und beeindruckt von ihrer intellektuellen Größe, ist insbesondere stil- und sittenlosen Managern jeder Medienkontakt willkommen. Allein die Möglichkeit, an einem Medienbeitrag mitzuwirken, lässt beide Geschlechter oft jeden Anstand vergessen. Um wieviel mehr, wenn ihre Geltungssucht kein Korrektiv erhält. Selbst Menschen, die eher zurückhaltend wirken und sich sonst standhaft weigern, über ihr Leben – ihre Arbeit, ihre Fähigkeiten, Ambitionen und Ziele – zu sprechen, lassen sich mit Freuden vor Mikrofon und Kamera stellen, wenn ihr Lebenspartner ungleich jünger ist. Diese abenteuerlich klingende These ist empirisch gesichert, zumindest meine persönliche Empirie deutet darauf hin, dass ich recht habe.

Die Hölle tritt fast immer dort drastisch vor aller Augen, wo Frauen und Männer jüngere Partner haben. Oft sind es Frauen und Männer von fragwürdiger Intelligenz, die stolz darauf sind, mit Mitte fünfzig Gebirgs- und Ski-Touren zu machen, die selbst Zwanzigjährigen den Atem rauben. Meist werden diese Reinhold Messner – beseelten Demonstrationen spätjugendlicher Kraftentfaltung an weit entfernten Orten inszeniert. Wer kennt sie nicht, die Anden- und Himalaya-Reisenden, die ohne Sherpa, aber immer mit exklusiven Fotoausrüstungen bewaffnet, Gebirgsmassive erstürmen? „Letztes Jahr haben wir Tibet und Sri Lanka gemacht", sagte mir unlängst eine Frau, Anfang sechzig, die ich im Wartezimmer meines Hausarztes kennengelernt habe. Sie sagte tatsächlich, sie habe Tibet und

Sri Lanka „gemacht" und nicht, sie habe Zeit in Tibet und Sri Lanka „verbracht".

So oft von „machen" gesprochen wird, so selten ist der Kontext richtig gewählt. Auch die Dame zählt zu jener wachsenden Schar ewig machender Menschen, die wortwörtlich keinen Begriff mehr dafür besitzen, eine Reise schön zu beschreiben. Ihr Reisegenuss entsteht erst, nachdem die Reise beendet und archiviert ist und nicht derweil sie erlebt und erzählt wird.

Mein kleiner Exkurs in die Reiseerlebniswelt kommt nicht von ungefähr. Reisebeschreibungen erzählen viel darüber, an welchen Orten Menschen sich wohlfühlen und ihr Zuhause errichten. Viele Menschen neigen dazu, Orte attraktiv und schön zu finden, die im besten Falle von Sterilität, im normalen Falle von deformierter Wahrnehmung, im schlimmsten Falle von Instinktabirrungen und im allerschlimmsten Falle von einer Geschmacklosigkeit erzählen, die kein Erbarmen kennt.

Romans These, Orte besäßen keine Bedeutung, ist demnach nur falsch für mich und jene Menschen, die es versäumt haben, zur rechten Zeit seelisch zu erblinden. Die seelisch Blinden sind, mehr noch als ihre organisch erblindeten Vettern, ein Kollektiv mit hoher Zuwachsquote. Sie sind ein Kollektiv mit Zukunft, das jene kleineren Populationen bald verdrängt haben dürfte, die mit wachen Sinnen jede Hässlichkeit erleiden müssen. Roman ist, auch wenn er anderes glauben möchte, nicht etwa immun gegen Hässlichkeit, weil er Buddha gleichen würde, Roman ist gegen alles gefeit, weil er kein Sensorium besitzt, die Welt – ihre Geschöpfe, ihre Schön- und Hässlichkeiten – wahrzunehmen.

Wie wenig mir sein fernöstliches Guru-Gehabe imponierte, hat Roman nie geahnt. Mit ihm zu diskutieren, hatte wenig Reiz, mit ihm zu diskutieren, bedeutete, sich den Launen eines rücksichtslosen Monomanen zu unterwerfen. Er, der Seelenarzt „aus Passion", er, der weltkundige Guru mit „Empathie für die Frauen", war kein Gesprächspartner, der begeistern konnte. Im Gegenteil deprimierte er sein Gegenüber oft nachhaltig. So war es Roman gelungen, seine Familie auf sprachlichem Wege aufzulösen.

Seine Frau, die in einer Wohnung am Stadtrand alleine lebte, taumelte dort, abgeschirmt und vergessen, von Psychose zu Psychose. Sie hatte für sich und andere jeden Wert eingebüßt und war der Welt entglitten, ohne dass Roman eine Chance gesehen hätte, es zu verhindern.

Als buddhistisch inspirierter Jungianer glaubte Roman, jeder bestimme sein Karma selbst. Aus „Humanität" unterstützte Roman seine Frau Jahr um Jahr, wie er sie aus „Güte" noch immer besuchte, jeden Samstagmorgen, immer zur gleichen Zeit und ohne etwas anderes zu tun, als eine halbe Stunde auf sie einzureden. Warum seine Frau nie den Versuch unternommen hatte, ihrer Krankheit ernsthaft Paroli zu bieten, hat er nie hinterfragt. Diese Frage interessierte ihn nicht. Sie betraf ihn nur indirekt und war damit gegenstandslos, für ihn, der von Ewigkeiten sprach, doch seine Endlichkeit meinte. Seine ältere Tochter hatte ihn durchschaut und wusste, dass sein kryptisches Gerede nur seine Hilflosigkeit vertuschen sollte. Sie hatte sich dazu entschlossen, Roman fressend Widerstand zu leisten und ihr junges Leben mit unablässiger Zufuhr von Kalorien zu zerstören. Sie wog bereits über 150 Kilo und konnte nur noch mit Unterstützung laufen. In zwei bis drei Jahren würde ihr Metabolismus endgültig kapitulieren. Auf diesem Wege, so glaubte sie kindlich-naiv, würde sie Roman dazu zwingen, sich mit ihren Verletzungen auseinanderzusetzen. Sie irrte sich, doch ihr Irrtum war ein barmherziger. Noch immer hoffte sie, Roman sei fähig, von seinen eigenen Wünschen Abstand zu nehmen. Roman jedoch war mit sich weit mehr beschäftigt als mit seiner Familie und den zahllosen Patienten, die seine Praxis besuchten. Roman war der Herr und Meister eines Kalenders, in dem hinter jedem Menschen, den er kannte oder therapierte, ein imaginärer Vermerk stand, der ihn glauben ließ, seine Zeit sei kostbarer als die jedes anderen. Das erklärte auch, warum er in jedem Telefonat darauf hinwies, er müsse „mich terminieren" – eine doppeldeutiger Formulierung, wie wir spätestens seit den Filmen mit Arnold Schwarzenegger als kybernetische Killermaschine wissen.

Ich wurde meist für Freitagabend, acht Uhr, terminiert, da er ab sieben, nach Beendigung seiner letzten Therapiesitzung, eine Stunde zu meditieren pflegte. Seine kontemplative Übung, von der er oft ernsthaft erzählte, reduzierte sich meist auf ein Schläfchen, wozu ich ihm selbst zugeraten hätte, da mir gewiss nicht daran gelegen war, ihn erschöpft und müde anzutreffen. Ich selbst schlafe leidenschaftlich gerne und ziehe wie Heine die „Matratzengruft" dem sozialen Leben vor. Roman jedoch beharrte auf die meditative Dimension seiner einstündigen Pause, der er – er wurde nie müde, es zu erwähnen – viel verdankte, so auch die Einsicht, kein „Ich" zu besitzen. „Jahrzehnte der Meditation haben mich gelehrt, dass ich kein Ich besitze. Ich bin nicht ich. Ich gibt es nicht. Ich ist nur Maya, Illusion, Chimäre und Schein."

Von Maya sprach Roman oft. Dieser indische Begriff für unsere laute, schillernde Welt, die Schall und Rauch verbreitet und in der wir, ohne Sinn und Führung, eher zufällig behaust sind, wurde für Roman zur Obsession: „Wir alle sind verblendet, irritiert und von der inwendig-wahrhaftigen Welt abgelenkt", wiederholte Roman Mal um Mal. Er, der sich Tag für Tag geldscheffelnd in die Maschinerie therapeutischer Wohlfahrt begab, er, der keinen Feierabend kannte, weil er wusste, dass nach der Arbeit nur sein Fernseher auf ihn wartete, er, der keine Meinung akzeptierte, die nicht seiner entsprach, er, der keine Nähe zu schaffen vermochte und so unerträglich nach ihr verlangte, er, der keine Sicht auf das Leben gelten ließ, die der Schönheit gewidmet war, er, der dünkelhafte, fettleibige, ewig lüsterne, alt gewordene Herr Doktor, er, der verzweifelte Misanthrop und Puritaner, für den selbst die Liebe nur Maya war, glaubte tatsächlich, sein Ich habe sich längst transformiert in eine höhere Lebens- und Daseinsform.

Roman liebte es, gleich, wenn ich ankam, eine kurze Analyse meines seelischen Zustands vorzunehmen. „Du musst in Balance bleiben und schwingen", war die immer gleiche Empfehlung, die seiner Untersuchung folgte. Bis heute halte ich diese Ratschläge für belanglose Plattitüden, die niemandem helfen. Dennoch nickte ich immer beflissen, wenn er sein Schamanengesicht aufgesetzt hatte und enthielt mich jedes Kommentars. Da ich zu seinen Vorzugsschülern zählte – heute weiß ich, tatsächlich war ich der einzige – wurde mir Einblick in seine Privatsphäre gewährt. Seiner Praxis angegliedert war ein 1-Zimmer-Appartement, das er als Philosophen- und Rauchersalon deklarierte und in dem er zahllose Zeitschriften und Bücher zu eher exotischen Themen hortete. Nanotechnologie, Kognitionsforschung, Astrophysik, Quantenmechanik, Freimaurerei, Evolutionsbiologie – das Themenspektrum war riesig und belegte eindrucksvoll sein Interesse für exklusives oder, wie er es nannte, „hermetisches Wissen". Als Intellektueller zu gelten, war ihm wichtiger noch als sein Status als Arzt und Therapeut. Zwar kokettierte er oft damit, dass seine Intuition seinem Intellekt erheblich überlegen sei, doch das diente allein dem Nachweis, dass sich in seiner Person Intellekt und Intuition zu überlegener Weisheit verschmolzen hatten.

Immer, wenn ich Romans inszeniertes Gelehrtenkabinett betrat, fühlte ich mich unangenehm berührt. Mir schien, als wolle Roman jedem Besucher sagen: „Schau her, und schau gut her, meine Genialität ist größer als du ahnst und mein Geist zu weit gespannt, als dass er kleinlich Ordnung halten könnte. Dafür ist keine Zeit." Dieses Klischee wird von vielen Menschen bemüht, die nichts mehr wünschen, als ein Genie zu sein, doch in jedem Augenblick daran erinnert werden, dass ihr Leben allein dem Mittelmaß folgt und huldigt. Es wunderte mich demnach nicht, dass Roman unzählige Stapel Bücher um sich anhäufte, die er, mit vorsätzlicher Gleichmut, ab und an niederriss, um das Chaos künstlich zu steigern. Die Kulisse seines Theaters sollte vergessen lassen, dass die aufgeführten Stücke niemanden faszinierten.

Dennoch hatte ich diesen ungeselligen Nervenarzt, der sich als postmoderner, allwissender Alchemist betrachtete, ins Herz geschlossen, auch weil ich wusste, dass er niemals leidende Menschen abwies, die seiner Hilfe bedurften. Er war nicht wählerisch bei seinen Patienten und therapierte nahezu ausnahmslos die weit weniger lukrativen Kassenversicherten: eine Seltenheit in unserer Epoche gieriger Egomanen. Eine Seltenheit war er auch, weil er immer großzügig und entschlossen die Rechte seiner Patienten zu schützen versuchte, bei Ämtern, vor Arbeitgebern und Institutionen, die sich schwer damit taten, eine psychische Erkrankung als ernsthaftes Leiden zu begreifen. Dieser wunderbare Charakterzug wurde jedoch durch andere, teilweise abstoßende Eigenschaften neutralisiert. So neigte er bei Frauen, wie er gerne mokant lächelnd erzählte, grundsätzlich zu einer körperlichen Komponente bei der Therapie. Ob 20, 30, 40, 50 oder 60 Jahre – jede durfte mit einer engen Umarmung, Küssen oder anderen Zärtlichkeiten rechnen: „Es ist doch wichtig, Nähe in der Beziehung aufzubauen. Je intensiver Arzt und Patientin sich begegnen, desto schneller wird sie gesund." Es bleibt die Frage, ob er seinem Geschwätz selbst Glauben schenkte. Ich zumindest habe den Eindruck gewonnen, dass er es nicht nur als legitim, sondern als zwingend erforderlich begriff, die notwendige Distanz zwischen Arzt und Patient auch körperlich aufzuheben. Es hat mich immer geekelt, wenn Roman in drastischen Bildern davon erzählte, welchen Formen „epidermaler Begegnung" er den Vorzug gab. Intimitäten mit Patientinnen auszutauschen, stand für ihn nicht im Widerspruch zu seinem Berufsethos. Mein erster Reflex war es meist, ihn anzuspucken und zu gehen, was ich jedoch nur selten tat, aus vielen Gründen, guten wie schlechten.

In der härtesten Phase meiner Jugend hatte mich Roman davor bewahrt, einer Verzweiflung nachzugeben, die mich nicht überraschte, doch die sich meiner bemächtigte, ohne dass ich fähig gewesen wäre, mich ihrer zu erwehren.

Vielleicht war es seiner Profession geschuldet, immer Fragen zu stellen, die quälten. „Was passiert denn da?", war eine seiner liebsten Phrasen, wenn ich ihm etwas erzählte, das mir Probleme bereitet hatte. „Wir wollen uns wohl fühlen, wir wollen uns gut fühlen, wir wollen uns leicht fühlen", war das Mantra, in dem er sich wiegte, ganz gleich, was ich sagte. Ich wusste damals noch nicht, dass nicht ich, sondern er das hilfsbedürftige Wesen war.

Immer bestärkte er mich darin, seine fernöstlichen Einsichten zu wiederholen, die mir jedoch wenig Eindruck machten. Sein fernöstliches Geschwätz über Reine Leere, TAO, Buddha und String-Theorie bis hin zu Heideggers wirren Reflexionen über „das Sein", „das Nicht-Sein", „das in die Welt gestellt sein" und „das nichtende Nichts" war mir unangenehm und peinlich zugleich.

Bis heute ist es für mich eine abgeschmackte Vorstellung, die Naturwissenschaften immer nur dann als sinnstiftend zu bewerten, wenn sie helfen, metaphysische Theorien oder auch einzelne Mythologeme zu erklären, die sich vielleicht meditativen Praktiken verdanken oder auch nur der Angst, einmal sterben zu müssen.

Roman war damals ein freundlicher Autokrat Ende fünfzig, der, bedingt durch seine eigene familiäre Tragödie, nur selten bei sich ertragen wollte, was er nie müde wurde, anderen als alternativloses Lösungsmodell zu präsentieren. Sein Mitgefühl auf sich selbst zu verwenden, war ihm nicht gegeben.

Jeder Versuch, ihn persönlich aufzumuntern, ihn zu trösten oder an seine Vorzüge zu erinnern, um ihn bei der Lösung seiner eigenen Probleme zu unterstützen, wurde mit Hohn und Sarkasmus quittiert. Jeder noch so gutmütige Scherz, der seine Person betraf, wurde verbal geahndet. „Lass das. Was soll das infantile Gerede?", waren noch eher geringfügige Rügen, die ich erhielt, wenn ich seine inquisitorischen Fragen an mich durch nette an ihn zu ersetzen wagte.

An manchen Tagen hasste ich ihn und an manchen Tagen ging ich zu ihm, konditioniert wie ein Pawlowscher Hund und fast erwartungsfroh, weil ich hoffte, in seiner Misanthropie meine Melancholie zu vergessen. Solange ich weder glücklich war, noch Glück erfuhr, war er immer, wenn ich ihn traf, zufrieden und genoss meine Gegenwart. Sie erinnerte ihn daran, dass seine vermeintliche Einsamkeit – er lebte mit seiner ältesten Tochter, zwei Katzen und einem ängstlichen Hund in einem schönen, aparten Haus zusammen – eine Chimäre war, die er mit großer Begeisterung kultivierte, eben weil sie keinen Bezug zur Wirklichkeit besaß. Heute, viele Jahre später, lebt er nun wirklich allein, in einem Luxusappartement auf dem stadtnahen Land, in einem 20.000 Seelen-Ort, der dafür berühmt ist, keine Eigenschaft zu besitzen, die ihn berühmt machen könnte.

Immer erzählen mir, grundsätzlich ungefragt, Menschen aus der Provinz von den Vorzügen stadtnahen Wohnens. Meist sind die Argumente, die uns verlocken sollen, selbst auch die Peripherie dem Zentrum vorzuziehen, eine Hommage an unsere völkische Vergangenheit. „Nur auf dem stadtnahen Land", hörte ich unlängst einen grässlich gekleideten Herrn mit Lederhandtasche an der U-Bahn-Haltestelle sagen, „gibt es noch Kinder, die deutsche Kinder sind. In der Stadt", er umkreise mit seinen unförmigen, gewiss transpirierenden Händen die ihn umgebende Szenerie, „haben Kinder keinen Benimm. Und die Mädchen", stieß er keuchend hervor, „sind schon mit fünfzehn Nutten. Nutten, richtige Nutten", er konnte sich kaum beherrschen, diesen Gedanken immer und immer wieder laut auszusprechen. Seine kleinen Augen, die unter schweren Lidern fast verloren gingen, befingerten jedes Mädchen in ihrem Radius, ob jünger oder älter spielte keine Rolle.

Der sexuell ausgehungerte Vorstadtarier – fraglos bereits am frühen Morgen in die Stadt gereist, damit sich der lange Ausflug auch lohnte – mochte Anfang fünfzig sein. Er trug blau-graue Bundfaltenhosen, einen khakigrünen Windblouson, der an der Hüfte aufsaß und sich, plusternd und mehrere Wulste formend, über einen qualligen Bauch spannte; zu allem Unglück hatte sein Torso Brüste ausgebildet, deren beträchtliche Größe ihre Widernatürlichkeit noch betonte. Sein fettglänzendes Haar war über den linken Scheitel gezogen und sollte die Glatze verdecken, die sich auf weiter Fläche entwickelte und binnen weniger Jahre auch die letzte Illusion begraben würde, es ließe sich etwas kaschieren. Dieser Mann, dachte ich mir, ist so unsagbar typisch für die Provinz, und das gewiss nicht, weil er seine Geilheit fast nicht zu kontrollieren imstande schien. Was ihn zu einem Provinz-Popanz machte, waren die laute, vulgäre Art seines Auftritts und sein Dünkel, der sofort umschlagen konnte in Verschlagenheit, Duckmäusertum oder Herrschsucht, ganz wie es eben passen und sein Gegenüber nahelegen mochte. In seinem Auftreten erinnerte er mich an Roman, der immer, wenn er ein Lokal mit weitausufernden Schritten betrat, die Türe offenstehen ließ, ganz gleich, welches Wetter herrschte und ob sich andere Gäste daran störten.

Nachdem er dem Wirt mit einer herrischen Geste zeigte, wo er sitzen wollte, ließ er die Blicke schweifen, um die anwesende Weiblichkeit in erotische Kasten einzuordnen. Rücksichtslos unterzog er jede Frau einer Inspektion, als sei es übliche Praxis, Frauen wie Zuchtstuten anzustarren, um ihre körperlichen Vorzüge einzuschätzen. Roman bemerkte nie, wie viel Ekel ihm entgegenschlug. Sein oft gerühmtes emotionales Sensorium schien zu versagen, wenn es darum ging, seine Wirkung auf Frauen richtig zu deuten. Unabhängig davon, welches Alter die Frauen besaßen, die er genießerisch in Beschau nahm, gab es keine, die seine Anzüglichkeit genossen hätte. Oft fuhr er sich nach absolvierter Frauen-Visite mit beiden Händen durch sein volles Haar, schnaufte laut und murmelte, fast unverständlich, doch eben noch hörbar: „Flachlegen, man müsste diese Weiber alle flachlegen." Einem unabänderlichen

Impuls folgend schob er dann seinen Hosenbund mit einem entschiedenen Ruck unter seinem fetten Bauch zurecht und ließ sich an einem Tisch nieder, der sich für weitere Beobachtungen eignete. Wenig später stand dann immer eine dampfende Tasse grüner Tee vor ihm. Er verzichtete kategorisch auf den Konsum alkoholischer Getränke, und da wir immer das gleiche Raucher-Bistro besuchten, war seine Abstinenz bekannt. Meist legte er gleich zu Beginn, ostentativ und für jeden gut sichtbar, eine Packung schlanker, aus England importierter Sumatra Zigarillos auf den Tisch, bediente sich geziert wie eine Diva, ließ ein Feuerzeug aufflackern und inhalierte in tiefen Zügen das gierig ersehnte Nikotin. Diese Momente sind mir unvergesslich und das aus Gründen, die obgleich sie nur kosmetische Belange des Alltags berühren, viel davon erzählen, wie sich Männer in den späten Fünfzigern erleben und sehen, aber auch, wie sie tatsächlich auftreten und wirken.

Jeder kennt das Dichterwort von den Augen als Spiegel der Seele. Wer jedoch die wahre Persönlichkeit eines Menschen erkennen möchte, zumal in jenen Aspekten, die im Verborgenen liegen, sollte dessen Hände betrachten. Hände sind mehr als beliebige Referenzen eines Charakters, Hände sind unverfälschte Signifikanten einer Person – ihrer Tugenden, aber auch Laster und unguten Fantasien.

Romans Hände waren vom Nikotin gelb verfärbt. Die Jahre unerbittlichen Rauchens hatten ihnen eine abstoßende Patina verliehen. Dieser Anblick wurde noch abstoßender durch Romans Nägel, die seit Jahrzehnten keine Maniküre mehr erlebt hatten. Es zählt für mich zu den schlimmsten Eindrücken, eine haarbewucherte, breitrückige Männerhand mit hässlich benagten Nägeln kokette Gesten machen zu sehen. Ich denke dann immer an all die Männerhände, die nicht gewaschen werden, wenn ihr Eigentümer ein Geschäft verrichtet hat. Ein Bekannter, den ich darauf ansprach, warum er, nachdem er gepinkelt habe, nie seine Hände wasche, sagte mir, männlich-markant: „Ich wasche mir meine Hände immer, bevor ich pinkle. Danach gibt es keinen Grund, da ich nichts Schmutziges in den Händen gehalten habe." Sein anzügliches Lachen ließ mich wünschen, die Evolution hätte den Frauen erspart, sich mit Männern zu paaren. Dies ist einer jener Gründe, warum ich manche Momente mit Roman nie vergessen werde. Andere Gründe, diese Momente nie zu vergessen, haben keine kosmetischen Ursachen, sie gehen tiefer. An das unvermeidliche Begrüßungstheater, das Roman zu Beginn unserer Treffen mit großem Genuss zelebrierte, werde ich mich immer erinnern. Dieses schwer erträgliche Ritual schuf ihm die tiefe Befriedigung, sich spirituell – eine Vokabel, die ständig fiel und jede Konversation vergiftete – erhaben zu fühlen. Auch wenn es schon lange zurückliegt, bin ich noch heute zornig, denke ich an sein Feixen, das er nur mir, dem leidenschaftlichen Leser von Romanen, vorbehielt.

Immer nach dem ersten Zigarettenzug fixierte mich Roman unter leicht zusammengekniffenen Augen, ließ eine längere Pause des Schweigens entstehen und fragte dann mit kaum kaschierter Ironie: „Na, welches Buch hat dich diese Woche davon abgelenkt, nachzudenken?" Dieser Satz wird für alle Zeiten auf meinem persönlichen Index stehen. Wann immer ich höre, wie ein Leser von Belletristik sich der Zynik pseudowissenschaftlicher Snobs erwehren muss, gefriert mein Herz und wandelt sich zu dem eines eiskalten Intellektuellen, dem es Freude bereitet, halbgebildete Zyniker sprachlich zu vernichten und das aus reiner Lust daran, sie auf ein Niveau zu reduzieren, das sie mehr fürchten als den Tod.

Lächelnd, sanft und mit der Unerbittlichkeit eines Pyromanen setze ich ihre blasierten Wortgebäude in Brand und ehe sie bemerken, was geschieht, ist ihr Hochmut zu Asche verbrannt. Mit freundlicher, logischer Präzision, und damit ungleich wirkungsmächtiger als mit jeder Beschimpfung, werden diese Menschen von mir an den Teufel erinnert. Mein Zorn ist nicht laut, doch er versteht seine Opfer sorgfältig zu flambieren. Am Ende warten immer verkohlter Stolz, Blamage und Scham und das ist mir Rache genug.

Roman, der mich immer kritisierte, wenn auch meist versteckt, fürchtete wenig mehr als meine „zornigen Launen". „Wenn das traumatisierte Kind redet, ist selten Gutes zu erwarten", gab er dann sachkundig zu bedenken, tippte sich mit dem linken Zeigefinger auf den breiten Nasenrücken und legte seine Stirn in Falten. Tatsächlich war ich es leid, unfreiwilliger Analysand seiner zwanghaften Analysen zu sein. Was, so dachte ich mir, wärst du ohne uns, deine braven Zuhörer? Was, so fragte ich mich, bliebe dir, wenn wir nicht deinen Worten lauschten, höflich genug, dich nicht merken zu lassen, dass unsere Freundlichkeit einer guten Erziehung geschuldet war, die jedoch auch ihre Grenzen kannte? Was würdest du sagen, wenn wir uns alle demaskierten, gefühllos und kalt und ohne Rücksicht darauf, ob dich die Wahrheit der Maske verletzen würde? Doch Roman stellte sich keine Fragen.

Roman hatte sich offensichtlich auch nie gefragt, warum die ältere seiner Töchter ihren Körper vorsätzlich ruinierte. Seine Tochter bestand nur noch aus Fett. Ihre Dimensionen waren nicht imposant, sondern abstoßend und übertrafen alles, was ich bislang an adipösen Leibern gesehen hatte. Selbst Roman wirkte in ihrer Gegenwart nahezu normal proportioniert.

Ich erinnere mich gut an ein Abendessen mit beiden. Vater und Tochter saßen am Ende ihres Verzehrs unzähliger Spareribs und Riesenportionen frittierter Kartoffeln mit fettverschmierten Mäulern vor den Überresten ihrer Exzesse, auf eine Weise beglückt, die, würde ich sie animalisch nennen, den Tieren unrecht täte.

Seine Tochter war – wie Roman selbst – Opfer einer vergifteten Kindheit und Jugend. Romans Frau hatte nach der Geburt ihrer zweiten Tochter ihren ersten psychotischen Schub, dem noch viele weitere folgen sollten. Daraus erwuchs für Romans älteste Tochter mit den Jahren die Verpflichtung, Mutter und Frau zu vertreten und, was noch schwerer wog, ihre verrückte Mutter in einer geschlossenen Anstalt zu besuchen, wo jeder wusste, dass ihre Mutter die Frau des stadtbekannten Seelendoktors war. Die Phasen, in welchen die Mutter nach Hause zurückkehrte, um auf den nächsten psychotischen Schub zu warten, waren vielleicht die schlimmsten.

Mittlerweile lebte Romans Frau unter Aufsicht in einem Heim mit professioneller Betreuung. Ihre Kinder jedoch hatten jeden Bezug, jedes Gefühl und jede Nähe zu ihr verloren. Wenn sie ihrer Mutter begegneten, so im Idealfall gleichgültig, im schlechteren Falle jedoch mit Hass und Zurückweisung.

Roman, der universal gebildete Guru, hatte dort versagt, wo es wohl am stärksten schmerzt – bei der eigenen Frau und den eigenen Kindern.

Roman, der weise, universal gebildete Roman, war ein despotisches Kind, wenn er seinen Kindern begegnete. Nie sprach er eine Bitte, einen Wunsch oder ein Anliegen mit gemäßigter Stimme aus, immer war es ein Brüllen.

Als ich ihm dabei half, seine Umzugskisten zu packen – er hatte sich, nach Jahren einer krankhaften Vater-Tochter-Symbiose, dazu entschlossen, seiner adipösen Tochter das eigene Haus zu überlassen und selbst ein neues, schöneres Domizil zu beziehen –, musste ich sein Geschrei viele Stunden ertragen. Unduldsam wie ein türkischer Pascha schrie er seine Wünsche durch Haus und Garten. „Judith, bring mir einen Karton", „Judith, bring uns einen Schwamm", „Judith, bring uns etwas zu trinken", und Judith tat, wie ihr geheißen, doch ihre Augen funkelten zornig, wenn sie ihrem Vater die gewünschten Dinge brachte. Es hat Roman ein Vermögen gekostet, Judiths Bereitschaft zu finanzieren, ihren Vater weiter zu treffen, denn sein High Class-Junggesellendomizil in der Diaspora war aberwitzig teuer.

Ich verstehe Judiths geheimen Hass besser als mir lieb ist. Ich verstehe, warum sie ihren Körper mit Zucker und Kohlenhydraten überflutet, warum sie säuerlich grimassiert, wenn er ihr Instruktionen erteilt, die, glaubt man Roman, allein aus Liebe gegeben werden.

Wie viele Verbrechen wurden nicht schon unter dem Vorwand der Liebe und elterlichen Fürsorge begangen. Sie sind zahllos und unter den Mittfünfzigern sehr verbreitet. Die Anfangs- und Mittfünfziger sind mit sich, ihren verfallenden Körpern und Seelen derart beschäftigt, dass sie nicht sehen, was am Wegesrand ihres Passionsgangs an Elend entsteht. „Fünfzigjährige riechen oft unfrisch", sagte mir unlängst eine junge Kollegin. Ich war ihr sehr dankbar, als sie gleich danach meine Hände ergriff und lachend sagte: „Nein, du doch nicht. Ich meinte das genetische Abfallprodukt, unseren Chef. Jeder Biber riecht besser als diese Gestalt." Gäbe es einen symbolischen Geruchswert für Menschen, würden mein Chef und auch Roman nicht wirklich gut abschließen. Olfaktorisch sind sie beide ein Desaster, in anderen Belangen wohl auch und damit meine ich nicht allein die ästhetischen.

Fette Menschen sind oft sehr großzügig im Umgang mit ihrer körperlichen Anomalie, so wie fünfzigjährige Männer oft auch großzügig sind im Umgang mit jenen unübersehbaren Haarbüscheln, die ihnen aus Nase und Ohren wuchern.

Das Scheitern der Fünfzigjährigen ist fast bestürzend erfinderisch und besitzt zahllose Facetten des Unglücks. Romans fette, verbitterte Tochter ist kein Symptom, sie ist die fleischgewordene Quittung eines gescheiterten Lebens.

Nicht anders verhält es sich mit Herrn Hascher, der in einem ländlichen Bekleidungshaus Kleidung zu Dumpingpreisen ersteht, für die sich sein drogensüchtiger, suizidaler Sohn ewig schämen wird. Auch ihm wird die Rechnung präsentiert, auch er muss erkennen, dass es nicht genügt, sparsam und fantasielos zu sein.

Das Fegefeuer der Fünfzigjährigen ist kein Fegefeuer der Eitelkeiten. Das Purgatorium der Fünfzigjährigen ist ein riesiger Scheiterhaufen missglückter Versuche, ihr persönliches Unglück durch Triebverzicht zu sublimieren. Freud hatte recht: Jeder persönliche und damit auch universale Fortschritt gründet auf Triebverzicht. Jedes Quantum Trost, jeder Funke Hoffnung entsteht durch triebbefreite Zuversicht und nicht durch geistlose Häresien gegen die Psyche.

Gott wird bei der Belebung Fünfzigjähriger nicht helfen können, Gott ist nur ein Wort für den kosmischen Funken, den so viele in meinem Alter verloren haben. Gott ist weder tröstlich noch verfügbar. Die Christen und Muslime haben ihn – haben dieses Wort – in ihren blutigen Monotheistenhänden für immer verunreinigt. Ihr Gott ist mir unsympathisch und das mit ihm verbundene Heilsversprechen scheint mir ähnlich reizvoll wie eine Pauschalreise nach Antalya.

Mit Romans Verheißungen verhält es sich ähnlich. Ich habe kein Verlangen nach ihnen. Sie stoßen mich ab und riechen streng. Er merkt nichts davon, wie sehr mich seine Gegenwart bedrängt. Er merkt nicht, dass ich ihn nur ertrage, wenn ich Luises Gesicht imaginiere und heimliche Zwiesprache halte, mit ihr, meiner wohlduftenden Ptolemäischen Großkönigin.

Roman ist ein begnadeter Therapeut, mag sein, ein Guru, mag sein, ein sehr gebildeter Mann, mag sein – ein glücklicher Mensch ist er nicht, in diesem und auch keinem anderen Leben. Wir werden, was wir sind, in jedem Alter neu. Glücklos oder glücklich ist keine Frage des Verdiensts, der Gerechtigkeit oder Persönlichkeit, sondern eine Frage des Talents. Niemand wird glücklich, wenn er es nicht schon immer gewesen ist, niemand hat viel zu sagen, wenn ihm die Worte fehlen.

„Ich wollte immer ein Buch schreiben", sagte Roman unlängst. „Was mich hinderte, war die Fülle meiner Gedanken. Zu schreiben ist einfach ein ödes Geschäft. Was denkst du, Clemens, wäre das nicht eine schöne Aufgabe für dich, meine Gedanken schriftlich zu fixieren? Du schreibst doch gern, nicht wahr?" Einen Moment dachte ich darüber nach, wie ich ihm diese Frechheit vergelten könnte. Er, der nicht fähig war, einen Gedanken niederzuschreiben, degradierte mich zu seinem Sekretär, zu seinem Eckermann, der vorgeblich dankbar gewesen sein soll, in Goethes Sonne zu leben. Doch ich verzichtete auf eine ironische Antwort, lächelte freundlich und dachte daran, dass ich ihn schon bald, in diesem Kapitel, porträtieren würde, wenn auch anders, als er es sich erwartet hätte, und auf wortwörtliche Weise abschließend. Das Roman-Kapitel meines Romans ist abgeschlossen – Roman, als personifizierter Roman, zu Ende gedacht.

4. Das ideale Paar *oder* Vom Glück der mehrfachen Ehe

Oft sind es Paare, deren Erfahrung mit Standesämtern sich nicht auf singuläre Erlebnisse stützen, die ihre Liebe mit stolzer Unerbittlichkeit leben. So kenne ich ein Paar, das sich, in Loriotscher Manier, unablässig bestätigt. Gleichgültig, was der geliebte Gatte, die geliebte Gattin sagt, es erfährt bedingungslose Zustimmung, niemals Kritik und immer Bewunderung, bis jener gefürchtete Tag sein Medusenhaupt erhebt, der sich bei zahlreichen Zweit- und Drittehen oft einzustellen pflegt, wenn die Seelen für immer versteinern.

Meist entfacht sich der erste, noch eher subtile Streit – die bösen Hasstiraden, exzessiven Beschimpfungen, rüden Auftritte und Eklats kommen erst später – an den Kindern des Partners aus zurückliegenden Beziehungen, die ihre Abscheu für ständig wechselnde Stiefmütter und -väter nicht mehr verbergen wollen.

Tobias und Dorit, das Paar, von dem ich erzähle, ist Mitte fünfzig und in vielerlei Hinsicht exemplarisch. Er, ein sechsundfünfzigjähriger Mann mit gutem Einkommen, self-made, Studienabbrecher und leicht komplexbeladen, hat in den 1980er Jahren, wie viele mit ihm, eher durch Zufall, zu seinem Beruf als Makler gefunden, dem er bis heute nachgeht.

Tobias besitzt den breitbeinigen Auftritt jener Männer, die gerne etwas zu laut sind und eine Jovialität zur Schau tragen, die – wie ihre Kleidung – nicht dazu beiträgt, ihren Anspruch auf Jugendlichkeit zu bestätigen. Tobias' Geheimratsecken sind längst keine Ecken mehr, sondern entgrenzte Haarwüsten; auch der Gürtel sinkt mit jedem Tag mehr in den Schritt, weil der ohnedies schon ausladende Bauch stetig wächst. Bundfaltenhosen und ein mit Gummibündchen versehener Lederblouson, der Hüften und Gesäß enorm betont, komplettieren das Bild altersgerechten Chics.

Es bedarf keiner hellseherischen Begabung, um die Gewissheit zu haben, dass ein solcher Mann zwei Wagen fährt, wovon einer geländefähig ist und der andere mit dem Stuttgarter Stern prahlt. Beide Autos sind Zeichen bürgerlichen Erfolgs, beide Autos sind Vehikel zu einem ersehnten Leben in Wohlstand und Glück. Freilich sind diese Autos keine eigenfinanzierten Statussymbole, dafür fehlen Tobias, aus familiären Gründen, die Mittel. Da die beträchtliche Anzahl seiner Eheschließungen der Anzahl seiner gezeugten Kinder noch nachsteht, hat Tobias, auch juristisch besehen, mehr Verpflichtungen als ihm lieb ist.

Vier Kinder sind Folgeträger seines Genoms und reklamieren, gemeinsam mit den vormaligen Ehefrauen, Teilhabe an seinem Einkommen, wenn auch nicht in einer Größenordnung, die ihren Ansprüchen gerecht würde. Tobias ist, wie so viele Mehrfacheheväter, blind und taub für seine realen Verpflichtungen. Er betrachtet seine Zuwendungen nie anders als durch eine Lupe mit exorbitantem Vergrößerungsfaktor. Jede seiner Gaben fällt somit in die Kategorie „unendliche Großzügigkeit", und wer immer sich erlaubt, ihm zuzumuten, die soziale und seine Wirklichkeit in Relation zu setzen, ist sein persönlicher Feind.

Vielleicht erklärt sich sein Realitätsverlust dadurch, dass er zu drei seiner vier Kinder nur noch Berührungspunkte auf dem Wege der Überweisung von Alimenten hat. Jede andere Form des Austauschs von Gefälligkeiten ist ihm versagt. Seine vorletzte und auch seine letzte – seine dritte – Ehefrau haben ihm gerichtlich jede Möglichkeit genommen, seine Kinder zu sehen und so bleibt ihm nur eine volljährige Tochter aus erster Ehe, die schneller geschieden als geschlossen wurde. Diese Tochter hat jedoch selten Verlangen, ihren Vater zu treffen. Für sie sind die oft freudlosen Treffen mit Tobias unerlässliche Rituale, um die finanziellen Zuwendungen für ihre Ausbildung nicht zu verlieren. Etwas anderes zu erwarten, käme ihr nicht in den Sinn. Die Vergangenheit hat Nora gelehrt, dass ihr Vater ein Hysteriker ist, der nur das begreift, was seine Gefühle berührt. Klinische Hysterie kennt nur binäre Wahrnehmungen. Freund oder Feind, Liebe oder Hass sind die Quellen, aus welchen Hysteriker ihre Entscheidungen schöpfen.

Tobias erlebt jede Handlung seiner Tochter als Provokation, sofern sie nicht exakt seinen Erwartungen entspricht. Genährt von unerfülltem Narzissmus – sein Vater verweigerte ihm, wie es vielen Söhnen geschieht, seine Anerkennung –, kennt Tobias kein Maß und Korrektiv, was das eigene Handeln betrifft. Sobald er glaubt, seine Tochter bleibe ausreichende Liebesbeweise schuldig, streicht er die Alimente, schmollt und wartet, bis sie ihn bittet, ihr zu verzeihen. Diese Szenen wiederholen sich in ermüdender Regelmäßigkeit. Mit jeder neuen Szene zementiert sich die Ablehnung seiner Tochter Nora mehr, die ihn zwar als ihren Erzeuger akzeptiert, als Vater jedoch verleugnet. Jede Ähnlichkeit mit Tobias ist ihr unangenehm, jede seiner Liebesbekundungen ein Grund, sich noch mehr von ihm zu distanzieren. Wie sie ihren Vater erlebt, wird offenbar, sobald sie von ihren gemeinsamen Abendessen erzählt. „Er ist", so Noras steter Tenor, wenn sie von ihm erzählt, „oft etwas schlüpfrig und seine Scherze gehen immer auf Kosten anderer. Ich hasse es." Hass ist ein großes Wort für die leicht angewiderte Gleichgültigkeit, die das Mädchen ihrem Vater entgegenbringt, der den Fehler zahlreicher Väter begeht – zu vergessen, dass ein der Adoleszenz entwachsendes Mädchen nichts mehr verachtet als einen Vater, der seine sexuellen Phantasien vor ihr zotenreißend ausbreitet. Junge Frauen besitzen ein hervorragendes Radar für die Anzüglichkeiten älterer Männer, da sie ihnen unablässig im Alltag ausgesetzt sind. Junge Frauen, zumal hübsche junge Frauen, haben selten Freude, wenn sie allein unterwegs sind und fortwährend notgeile Blicke ertragen müssen. Wer wollte es ihnen verdenken, wenn sie von einem Vater doppelt und dreifach enttäuscht sind, der immer Liebe fordert, doch nichts schenkt als Hysterie und Anzüglichkeiten?

Vor kurzem hörte ich, wie am Nebentisch in einem griechischen Restaurant ein Mann, fett, kahlköpfig und nahe der fünfzig, seine vielleicht achtzehnjährige Tochter fragte, ob sie wisse, was die Griechen am besten könnten. Sie schüttelte leicht den Kopf, blickte ostentativ auf ihr Handy, legte die Stirn in Falten, rumorte etwas Unverständliches, ganz so, als ahnte sie schon, welche Antwort kommen würde. Der schmerbäuchige Mann konnte sich kaum beherrschen, beugte sich über den Tisch seiner Tochter entgegen, tätschelte ihre Wange und prustete ihr, lauter als selbst ich es erwartet hätte, ins Gesicht: „Die Griechen können am besten Mädchen bekriechen." Das Mädchen errötete heftig, wischte sich angewidert über die Wange und zischte nur jenen einen bedeutsamen Satz, der erkennen lässt, dass die Aversion eines Kindes keine Grenzen kennt: „Papa, du bist widerlich." Der Vater jedoch lachte schallend auf, hustete mehrmals, laut und rücksichtslos, ehe er, theatralisch Mimik und Stimme seiner Tochter nachäffend, gluckste: „Papa, du bist widerlich. Na komm, meine Süße. Mädchen in deinem Alter, sind doch alle scharf wie Rasierklingen." Zu ähnlichen Aussagen lässt sich, zumindest an schlechten Tagen, auch Tobias herab, dessen jetzige Frau Dorit vermehrt angesäuert reagiert, wenn er seine Umgangsformen vergisst. Noch sensibler reagiert sie darauf, wenn Tobias vergisst, wem er seinen heutigen Wohlstand verdankt. „Deine Tochter und du", hörte ich sie vor kurzem Klage erheben, „sind zusammen 150 Prozent Unzuverlässigkeit. Du kannst dich immer nur zu 50 Prozent an Verabredungen erinnern und sie scheint 100 Prozent deiner negativen Eigenarten geerbt zu haben. Wann immer wir sie treffen, kommt sie definitiv zu spät." Das Lachen, das Dorits Rügen begleitet, klingt sehr bedrohlich. In diesen Augenblicken erinnert Dorit ihren Mann an die Ketten, die sie sich gegenseitig angelegt haben. So martialisch Tobias sich auch gebärden mag, wird er dennoch immer nervös, wenn Dorit zu lachen beginnt. Die geheime Drohung ihrer Worte erfasst er sehr genau, da sie ihn an die Endlichkeit seiner finanziellen Mittel erinnert. Es ist, als hörte er Dorit sagen: „Pass schön auf, mein Junge, sonst streiche ich dir dein Taschengeld."

Dorit ist streng, bisweilen unerbittlich streng, wenn es darum geht, ihre Position zu sichern. Sie ist längst nicht mehr hübsch, apart oder schön. Wie so viele ist sie ein trauriges Opfer der Schwerkraft des Alterns geworden. Ihr Körper verliert unerbittlich an Façon. Dennoch lässt sie sich gerne von ihrem Mann fotografieren, nackt und in Posen, die ihre intimsten Stellen offenbaren, „weil sie", schenkt man Tobias' Worten Glauben, „gerne zeigt, was sie hat und was sie hat, ist fantastisch." Solche Aussagen werden von Tobias immer auch plastisch untermalt. Seine behaarten Hände zeichnen dann in großen Gesten die Konturen jenes eheweiblichen Busens, von dem er mit Stolz behauptet, selbst Doppel-D sei dafür noch zu knapp bemessen. Diskretion zählt nicht wirklich zu Tobias' Stärken und so war es nahezu zwangsläufig, dass zahlreiche dieser Fotos Nora in die Hände fallen mussten. Noras Ekel erreichte dabei eine Dimension, die einen bestürzen könnte, wäre es nicht naheliegend, dass zwischen Tochter und Vater manches niemals gesagt werden darf, da das Inzestverbot, aus gutem Grund, jede erotische Nähe verbietet. „Mir wurde schlecht, als ich die Fotos sah." Nora verengte ihre Augen angewidert, als sie davon erzählte. „Es reicht mir, wirklich. Überall nackte Weiber. Auch in seinem Arbeitszimmer sind nur Kalender mit großbusigen Models, die sich auf Rennwagen rekeln. Es ekelt mich, wenn seine Blicke mich von oben bis unten betasten. Ich habe dann immer das üble Gefühl, es macht ihn an, darüber nachzudenken, wie seine Tochter wohl nackt aussehen würde."

Werden die Töchter anderer Mütter zur heimlichen Konkurrenz, entrollen Zweit-, Dritt- und Viert-Ehefrauen das Banner des Krieges. Das zu recht oder unrecht fantasierte Töchter-Konkubinat ihrer Männer ist ein Gift, das für viele Nachfolge-Ehefrauen nur eine Antwort kennt – Sex- und Geld-Entzug und das Aufkündigen jeder Loyalität.

Fünfzigjährige Frauen, zumal jene, die als Folgeehefrauen nur Entwicklungshilfe für die Kinder fremder Mütter geleistet haben, scheinen gut beraten, das Bindungshormon Oxytocin durch handfeste

Gründe der Zweisamkeit zu ersetzen. Geld und Luxus leisten oft eine gute Kompensation. Auch andere Dinge als Autos, Uhren und Reisen können hilfreich sein. Bei Dorit und Tobias ist es ein Appartement auf Borkum, wo sie zweimal jährlich mehrere Wochen die Illusion beschwören, Wattwanderungen schenkten ihnen jene Erdung, von der alle reden, doch von der keiner weiß, welchem Zweck sie dient. Es versteht sich von selbst, dass das Nordseedomizil in Dorits Besitz ist, es versteht sich von selbst, dass Dorit bestimmt, wie sich ihr Aufenthalt gestaltet und worauf sie beide ihre Zeit verwenden. „Wir haben dieses Jahr auch einen Französischkurs belegt", berichtete Dorit unlängst, aufgekratzt wie ein Teenie, „und ich kann dir sagen, die Leute dort waren allererste Sahne. Selbst eine Stil- und Modeberaterin der High Society war dabei. Gebildet eben und kultiviert, es war toll." „Ja, toll", echote Tobias, der Dorit kräftig an die Schulter griff, ehe die norddeutsche Erzählung glücklicher Eheleute ihre Fortsetzung nahm. „Weißt du, dieses Leben mit den Elementen steigert die Konzentration. Ich habe in dem zweiwöchigen Kurs mehr gelernt, als in den fünf Jahren zuvor bei einem Privatlehrer, nur Tobias", Dorit lächelte ironisch – oder war es bereits ein erstes Wetterleuchten von Zynik? –, „Tobias blieb hinter seinen Erwartungen zurück. Stimmt doch, Schatz?", insistierte Dorit.

Tobias' Blicke liefen nervös von Dorit zu Nora, die auch am Tisch saß, und fixierten schließlich an einem imaginären Horizont einen imaginären Punkt. Tobias räusperte sich laut und sagte, zwanghaft lachend: „Das stimmt schon. Ich wollte mehr lernen. Du vergisst jedoch, dass ich auch für den Marathon trainiert habe und weniger Zeit hatte als du, Schatz."

„Schatz" war das Codewort – der Schlacht- und Warnruf –, mit dem sie einander daran erinnerten, dass es passender schien, in der Öffentlichkeit ihrem Beziehungsstatus eine freundliche Note zu geben.

„Schatz", ich wüsste nicht, welches Wort einen ähnlich inflationären Gebrauch erfahren hätte, und so fürchte ich „Schatz". Es erinnert mich auch an die Besessenheit Gollums, des böse gewordenen Hobbits im „Herrn der Ringe", der für seinen geliebt-gefürchteten „Schatz" jede Untat, selbst Morde, begeht. „O ja, ich vergaß", zwitscherte Dorit mädchenhaft und unterdrückte das aufkeimende Kichern, das bereits ihre Kehle erreicht hatte und ihr, heftig zurückgedrängt, einen Hustenreiz bescherte, der sie immer wieder zwang, die nächsten Sätze zu unterbrechen. „Tobias", keuchte sie hustend, „ist sehr" – sie betonte das „sehr" mit kaum kaschiertem Spott – „sportlich. Auch sein Talent für Sprachen ist sprichwörtlich überragend. Ganz wie bei seinem Töchterchen, das Europasekretärin werden möchte." Der boshafte Unterton, mit dem sie den letzten Nachsatz sagte, ließ keinen Zweifel daran, was Nora von ihrer Stiefmama erwarten durfte. „In Stilfragen und bei den Umgangsformen hapert es ab und an jedoch bei beiden. Nicht wahr, Schatz?" Tobias beließ es bei einem kommentarlosen Grunzen. Die kleine Nora aber grimassierte angewidert in Dorits Richtung, die tat, als bemerke sie nichts.

Dorits Aussehen mochte Dorit teilweise im Wege stehen. Sie war nicht dick, nicht schlank, nicht hübsch, nicht hässlich, nicht attraktiv, nicht abstoßend, sie war, in eine Formel gebracht, der fleischgewordene Durchschnittstypus ihrer Frauengeneration. Immer latent gereizt und verstimmt, heuchlerisch oder hysterisch freundlich und offenkundig desillusioniert, geriet Dorit nicht in Gefahr, viele Sympathisanten zu finden.

Man gewinnt bei Dorit den Eindruck, als habe sie über finstere Umwege erfahren, dass Frauen, die keine Kinder gebären, bisweilen schreckliche Wechseljahre durchleben.

Dorit zu mögen, war nicht immer einfach, sie war, wie ihre Kleidung, oft bipolaren Schwankungen unterworfen. Manchmal trug sie knappe Kunstlederröcke mit hautengen Tops und High Heels, manchmal Jeans, legere Pullover und Sneaker, doch ganz gleich, was sie trug, es betonte immer das Falsche und gab ihr das Aussehen einer Frau, die besser daran getan hätte, in allem unauffällig zu bleiben.

Tobias und Dorit waren ein Paar, repräsentativ für zahllose Paare ihres Alters, die ihre Zweisamkeit nur selten genießen konnten. Was sonst hätte Tobias animiert, Nora in Dorits Beisein darüber aufzuklären, dass jede Ehe ein Irrtum sei. „Weißt du, Nora, oft verlieben, nie heiraten, das war immer meine Maxime." Dorits Züge verfinsterten sich bei Tobias' Worten. Ihre Stirn verwandelte sich in ein runengefurchtes Feld. Dorits Augen aber wurden zu schwarzen Kristallen. Ihre blutleeren Lippen gerannen zu einer schmalen, stählernen Rinne. Ein boshaftes Wispern schien ihren eisenbelegten Mund zu umschwirren, der wortlos davon erzählte, was es bedeutet, jene zu kränken, die uns ein Leben in Luxus ermöglichen.

Tobias jedoch merkte von alledem nichts, gab seiner Tochter einen kleinen Stoß in den Rücken, zwinkerte ihr verschwörerisch zu und hörte nicht, wie beide, Ehefrau und Tochter, ganz leise, fast liebevoll und sanft dieselben Worte flüsterten: „Ich glaube, ich muss kotzen." Ausnahmsweise waren Erst-Kind und Viert-Frau einer Meinung, ohne dass sich deswegen etwas an ihrem Verhältnis geändert hätte. Selbst die Beziehung von Dorit und Nora ging zu Lasten der Tochter, die immer nur dann väterliche Zuwendung erhielt, wenn ihr sentimentaler Erzeuger sich selbst in ihren Vorzügen und Talenten zu erkennen glaubte oder mit ihren Leistungen vor anderen renommieren wollte.

„Meine Gene", höre ich oft ältere Männer prahlen, wenn einer ihrer Kollegen oder Freunde das Töchterchen zu Gesicht bekommt und, unverhohlen lüstern, einschätzt, wie attraktiv der präsentierte weibliche Sprössling ist, dessen junges Fleisch manchen dazu verführt, sein eigenes Alter zu vergessen.

Ich selbst bin ein Mann, doch ich bin nur selten gern unter Männern meines Alters, weil ich weiß, dass ihre maskuline Affekte-Logik einer Gottheit gehorcht, die nichts kennt als Ödnis, Machtgebaren und Geilheit.

Aber auch die andere Variante männlichen Versagens soll hier nicht unerwähnt bleiben; auch sie ist stilprägend für meine – für unsere Generation.

Das traurige Gegenstück zu dem geschilderten Männer- und Vätertypus ist leider viel zu leicht gefunden. Es genügt ein Blick in das Biotop deutscher Haushalte, die, angesiedelt in ländlicher Ruhe, davon erzählen, was es bedeutet, lebendig schon tot zu sein. Vielleicht erklärt sich der aktuelle Hype um Zombie-Filme dadurch, dass sich auch untote Menschen gerne porträtieren lassen.

In den idyllischen Siedlungen mit Naturgutzertifikat hausen nahezu ausnahmslos Zombie-Väter, deren Kinder in aller Regel darauf verzichten, Fragen zu stellen. Da sie die Antworten ihrer Väter längst kennen, bleiben sie stumm und verhalten sich ruhig, um der Zombie-Seuche zu entgehen.

Einer dieser Väter, der wie so viele herzlose Zombie-Männer seiner Generation auf den Namen Stefan hört, ist mein Cousin. Stefan hat zwei Söhne und eine Tochter, drei Kinder also, die er durch vier Ehen navigiert hat. Stefan tat das mit eher bescheidenem Erfolg, was er, unbelastet von jedem Interesse für das Tatsächliche, fraglos leugnen würde. Obwohl von der stolzen Fregatte, mit der er gestartet war, nichts geblieben ist als der brüchige Kahn seiner Erinnerungen, ist er sich seiner Sache sicher. Leckgeschlagen und abgetakelt wird dieses Erinnerungswrack von Stefan und seinen Kindern nach wie vor bewohnt, auch wenn es, Zug um Zug, die letzten Statikelemente einbüßt, die ihm derzeit noch ausreichend Auftrieb geben, um nicht in der Gegenwart zu versinken. Ob die Kinder dabei, gekettet an die Erinnerungen ihrer Eltern, für immer untergehen, scheint niemanden zu interessieren, am wenigsten die Eltern selbst.

Ich erinnere mich noch sehr genau, wie Stefans jüngster Sohn – die erste Ehe war endgültig lärmend zu Tode geprügelt worden – ihn erstmals besuchen durfte, in seiner neuen Junggesellen-Wohnung, die er kurzfristig angemietet hatte, im Erdgeschoss eines Mehrfamilienhauses, in der Peripherie seiner Heimatstadt, die er heute, angeblich wegen ihrer Provinzialität, meidet.

Es ist sehr ermüdend, Stefan zuzuhören, wenn er mit ausdauernder Penetranz daran erinnert, dass nur Millionenstädte wie New York, Rio oder Mexiko City ihn ernsthaft reizen könnten, sein ländliches Idyll zu verlassen. „Ich habe keine Lust, auf Menschen zu treffen, die langweilig sind", sagt er gerne, in schwerem Dialekt, breiig und ohne jede Modulation, „und so bleibe ich lieber auf dem Land. New York ohne mich ist ohnedies eine traurige Vorstellung. Es wirkt so allein – doch es muss sich gedulden." Die Schlusspointe, die er immer mit geierndem Lachen untermalt, ist ihm besonders wichtig, so wichtig, dass es für ihn ohne Belang ist, wer, und ob überhaupt jemand, seinen Humor zu schätzen weiß. In der Zeit jedoch, von der ich erzähle, waren diese Kategorien noch nicht von Bedeutung. In der ersten Trennungsphase, nach vierwöchigem Ehekrieg, der auch körperlich seinen Tribut gefordert hatte, dominierte die Angst um Geld und Zukunft und Spitzfindigkeiten wirkten eher hinderlich.

Sein sechsjähriger Sohn wusste nicht, was vor sich ging, sah nur, wie sein cholerischer Vater, nachdem er den gemeinsamen Haushalt verlassen hatte, schon bei kleinsten Widrigkeiten jede Kontrolle verlor und tobte, was ich lange nur ahnte und zudem verdrängte. Es kam mir, wie ich damals dachte, nicht zu, mich in ein Leben zu drängen, dem ich mich, ohne zu wissen warum, verpflichtet fühlte. Da ich Stefan nicht sonderlich mochte und ihn nur schwer länger als eine Stunde ertragen konnte, gab es kein logisches Argument.

Sein Provinzler-Hochmut war mir, wie sein schulmeisterlicher Habitus, widerwärtig. Wenn ich sah, dass er Gespräche grundsätzlich lakonisch führte, sehnte ich nichts mehr herbei als seine Abwesenheit. Stefan war sicher keiner meiner Freunde und ich habe mir, als ich noch mit ihm zu tun hatte, immer verboten, danach zu fragen, was ich an ihm schätzte, denn ich hätte vergeblich danach gefahndet.

Ungeachtet meiner vagen Motivlage half ich ihm zur damaligen Zeit so gut ich konnte. Vielleicht weil mir seine Kinder leid taten, vielleicht auch aus sentimentaler Schwäche, da mir von klein auf suggeriert wurde, dass familiären Banden die größte Bedeutung im Leben zukäme.

Als ich einmal Stefan und seinem Jüngsten Lebensmittel für das Wochenende brachte und damit begonnen hatte, den Kühlschrank einzuräumen, hörte ich, wie im benachbarten Wohnzimmer die bisher laufende Musik unvermittelt unterbrochen wurde. Offenbar war die Nadel des Plattenspielers abgerutscht, so zumindest ließ das dafür symptomatische Kreischen vermuten. Das darauffolgende, dumpfe Geräusch jedoch irritierte mich. Alarmiert von der abrupt eintretenden Stille lief ich in das Nebenzimmer, wo ich sehen musste, wie Stefan seinen kleinen Sohn vom Boden hochriss und mit einer kurzen, federnden Bewegung gegen die Wand warf. Bizarrerweise weinte der Kleine nicht, sondern verhielt sich vollkommen ruhig. Ich ging dazwischen, riss das Kind, das noch immer nicht weinte, aus Stefans Händen, und verließ, Stefans hasserfüllte Blicke im Rücken, hastig die Wohnung. Ein Wort und Stefan hätte uns beide umgebracht.

So rannte ich auf die Straße, das noch immer schweigsame Kind auf den Armen, nahm ein Taxi, fuhr in die Klinik und ließ den Jungen untersuchen. Die Diagnose war beschämend positiv. Der Kleine hatte nur leichte Blessuren und so sahen die Ärzte keinen Anlass, mich auszufragen und Schlimmes zu vermuten.

Das Kind, von dem ich erzähle, ist heute 32 Jahre, drogenabhängig, unfähig sich länger als fünf Sekunden zu konzentrieren und hat, nach diversen Klinik- und Therapieaufenthalten, ein ernsthaftes Problem zu überleben. Besäße der Junge nicht eine große Leidenschaft für modernes Tanztheater und, anders als sein Erzeuger, die Fähigkeit, Sympathie zu erwecken, er wäre längst untergegangen.

Sein Vater aber fordert von ihm nicht nur permanente Gesprächsbereitschaft, sondern, mehr noch, auf Konventionen Rücksicht zu nehmen. Prinzipiell hat Stefan wenig Verständnis dafür, dass sein Sohn keinen sachlichen Dialog führen kann, denn er, der fünfundfünfzigjährige, bürgerlich konsolidierte Vater aus der Provinz, hat alles vergessen.

Seine eigenen, beträchtlichen Schulden wurden von seinen Großeltern getilgt, doch er hat es vergessen. Seine Bekenntnisse für ein gewaltfreies Leben, Pazifismus und Luxusgüterverzicht wurden durch seine Taten konterkariert und sind längst vergessen.

Sein ältester Sohn folgt bereits dem väterlichen Vorbild. Von mittlerer Intelligenz, doch anmaßend und unverschämt, hat er gelernt, sich wichtig zu machen; auch die bigotte Tochter ist ihrem Vater ein treuer Spiegel. Beide, Tochter wie Sohn, offenbaren sich schamlos als Abbilder egozentrischer Biederkeit. Die Anspruchshaltungen und Forderungen von Stefan und seinen zwei älteren Kindern weisen keine Unterschiede auf. Beide Kinder sind – dreist und opportunistisch – Klone ihres Vaters, der, besäße er keinen jüngeren Sohn, das Unglück seiner verfehlten Ehen auf eine Weise vollendet hätte, dass selbst der steinerne Gast in Mozarts „Don Giovanni" zu weinen begänne.

Der jüngere Sohn, von dem alle erwarten, er möge ihrem Beispiel folgen und ein Leben in Lüge und Wohlstand führen, ist der einzige Mensch in dieser Familie, der Hoffnung gibt, dass selbst aus vergifteten Wurzeln in seltenen Fällen ein Zweig erwächst, der schönere Blüten trägt, wenn auch meist solche, die schnell verblühen.

Die Welt ist nicht gerecht? Es sind immer die Falschen, die uns das lehren wollen. Die Hoffnung ist immer dort, wo sich Versagen in Schönheit verwandelt.

5. Der Österreicher *oder* Komplexe sind treu

Helmut ist Österreicher, Anfang fünfzig, privat-diplomierter Healthcare-Fachwirt, heute jedoch, über Jahrzehnte hinweg erstritten, Head of Public Affairs jener Linzer Tierschutz-Stiftung, in der er mit 23 Jahren zu arbeiten begonnen hat, als Verwaltungs- und Sozialkraft und „im Geiste des erwachenden Sozialismus'", was immer das bedeuten mag.

Helmut ist Hysteriker mit großem cholerischen Potential, extrem komplexbehaftet, fast immer etwas zu laut, in manchen Augenblicken charmant, in vielen unerträglich selbstgerecht, gereizt, oder, was häufig der Fall ist, Opfer spontaner Schmerzattacken. Sein vierter Lendenwirbel scheint defekt, sein Nacken ewig verspannt und sein Metabolismus ein trauriges Abbild jener bösen Krankheit zu sein, die sich nie verliert und viele befällt, schreiten sie über den Rubikon des 50. Lebensjahres: Frustration, totale Ernüchterung und Ermüdung.

Seine Schwester, eine stadtbekannte Psychoanalytikerin, ist Prodekan an der Universität, zudem reich und ohne Latenz, sich zu profilieren. Helmuts Schwester kennt ihre Stellung und ihren Platz, der unter jenen Menschen zu finden ist, wo Ansehen keine Bedeutung besitzt, da keiner etwas entbehrt und jeder alles besitzt.

Beneidet Helmut seine Schwester? Ich denke, das tut er, in erheblichem Maße, doch schmückt er sich auch mit ihren Erfolgen, als könne der Lorbeer seiner Schwester ihm jene akademischen Würden verleihen, wonach er sich seit jeher verzehrt. Für Helmut war das Abitur – die Matura – die letzte Hürde, die er mit kurzen Beinen zu nehmen vermochte.

Wenn wir telefonieren und seine erste Reserviertheit sich verloren hat, kennt er keine Zurückhaltung mehr. Zu Beginn unserer Gespräche jedoch presst er seinen Namen zischend hervor, kurz angebunden, um sein Gegenüber darauf einzustimmen, wie sehr er beschäftigt ist. Auch bei mir macht er keine Ausnahme. Seit sechs Wochen telefonieren wir regelmäßig und obgleich er meine Telefonnummer kennt und über das Display sieht, wenn ich anrufe, ändert das nichts an seinem Verhalten. So bleibt mir wenig anderes, als immer wieder das gleiche Sprüchlein aufzusagen, fröhlich und heiter, als verspürte ich großen Genuss dabei, mich dieser Demütigung auszusetzen: „Servus Helmut, hier ist Clemens. Hast du ein klein wenig Zeit für mich, oder störe ich?" Meist höre ich dann erst ein langgedehntes Schnaufen, ehe seine Stimme, nasalierend, im Habsburger Singsang und leicht ironisch antwortet: „Ja, so was, der Clemens ruft an. Na, wie geht es dir, mein Freund?" Wenn ich etwas über unser südöstliches Bruderland gelernt habe, dann, dass seine skikundigen Einwohner, tatsächlich in allem, nur ein „zu viel" oder „zu wenig" kennen. Wie sie das Skifahren als nationale Übung kultivieren und maßlos lieben, so misstrauen sie uns, ihren deutschen Nachbarn, nicht minder bedingungslos.

Mit Leidenschaft Ski zu fahren, bedeutet dem Geist der 1930er-Jahre sehr nahe zu kommen. Als lebendigem Relikt jener athletisch verblödeten Zeit kommt dem Skifahren in Österreich eine beispiellose Bedeutung zu. In dieser Disziplin, so denkt sich der brave Österreicher, werden wir die arroganten Preußen immer schlagen, in dieser Disziplin sind wir besser, größer und unüberwindbar. Fast ließe sich diese Haltung verstehen. Allein die geographische Größe Deutschlands belästigt die Österreicher, schürt zahlreiche Ängste und ein Gefühl von Unterlegenheit, das sich nie ganz verlieren kann, denn der Deutschen sind ihrer viele, der Österreicher aber sind nur wenige – und ihre Sprache und Dialekte, das fühlen die Österreicher selbst, sind lächerlich.

Umso größer ist ihre Armee, die neben Generalen kaum Soldaten kennt, die einen niederen Dienstgrad besitzen. Ein Detail, das daran erinnert, wie sehr die Österreicher darunter leiden, dass die Verfassung ihrer Republik es ihren Blaublütern verbietet, sich mit aristokratischen Ornamenten und Titeln, wie Baron, Graf, Fürst oder Hoheit zu schmücken. Selbst die Habsburger Sprösslinge, legitime Nachfolger illegal handelnder Majestäten, sind nicht länger Habsburger, sondern nur mehr „die Habsburgs". Diese Degradierung des Adels auf bürgerliches Maß ist jedoch zahlreichen Österreichern nicht willkommen. Das gehobene Bürgertum wünscht nichts mehr, als den Adel wieder in seine alten Rechte einzusetzen. Der Österreicher liebt seinen Adel wie er seine Titel liebt. Viele Beamte, gleichviel ob subaltern oder wichtig, schmücken grandiose Titel wie Hofrat, Titularrat, Honorarkonsul oder Postoberoffizial. Der Professorentitel unterteilt sich in fünf Kategorien, wobei nur einem Bedeutung zukommt: dem o. Univ.-Prof., dem ordentlichen Universitätsprofessor. Hierarchisch zwar nachgeordnet, aber immer noch ernst zu nehmen, ist der a. o. Univ.-Prof., der außerordentliche Universitätsprofessor, der, wie der o. Univ.-Prof. auch, die Venia legendi auf redliche Weise, d. h. über Promotion und anschließende Habilitation erworben hat, jedoch ohne danach in den Genuss einer Festanstellung zu kommen. Der Honorarprofessor hingegen unterrichtet auf Honorarbasis, in einer Fachrichtung, die seiner ausgeübten Profession nahekommt. Einer meiner österreichischen Freunde – ein charmanter Mann, sehr kultiviert, klug, eloquent und beeindruckend herzlich – ist promovierter Jurist und Verfassungsrichter und damit prädestiniert, Rechtsreferendare mit einschlägigen Inhalten vertraut zu machen, und das ist aller Ehren wert. Doch selbst Gymnasiallehrer besitzen in Österreich das Privileg, sich Professor zu nennen.

In der letzten und untersten Stufe der österreichischen Professorenskala aber tummeln sich tausende von Personen, die aus beliebigen Gründen von der Republik Österreich mit dem Titel Professor geehrt wurden.

Peter Alexander, Udo Jürgens und fast alle Abkömmlinge des Hörbiger-Clans trugen und tragen diese Auszeichnung, und das mit Stolz. Der Dr. h. c. hingegen wird selten verliehen und scheint weder beliebt noch glamourös genug zu sein, nach ihm zu gieren. Helmut jedoch ersehnt ihn seit Jahren. Als langjähriger Dozent einer Oberfachhochschule – Oberfachhochschule ein Komparativ, den nur Habsburg ersinnen konnte – erhofft Helmut mit jedem Jahr neu, es könne sich eine Persönlichkeit des öffentlichen Lebens finden, die sich für ihn verwendet und ihm diesen Titel verschafft, egal auf welchem Weg.

Helmut zögert immer, wenn ihn jemand fragt, welchen Abschluss er gemacht habe, in jungen Jahren, an der Universität. In solchen Augenblicken weiten sich seine Augen in jäher, schwer gezügelter Panik, derweil sein Gesicht in zwei Hälften zerfällt, als habe ein unerbittlich geführter Spatenschlag es in ein oben und unten zerteilt. Mühsam öffnet sich dann sein Mund, quälend langsam, als gäbe eine verrostete Arretierung nach und setzte, begleitet von Wellen atonaler, glucksender Lacher, einen lange gehemmten Mechanismus wieder in Gang. Diese Augenblicke fürchten wir alle. Sie nötigen uns zu Fremdscham oder zwingen uns, wehrlos die tristen Aspekte eines Menschen zur Gänze kennenzulernen. „Nein, nein", antwortet dann Helmut stets mit geheuchelter Larmoyanz, „universitär bin ich unberührt, und das mit Lust." Lust fühle ich in solchen Momenten nur, ihn für seine Koketterie zu bestrafen. Nicht, dass er keinen universitären Abschluss besitzt, ist für mich ein Indikator fragwürdiger Intelligenz. Was mich stört, ist der selbstgerechte, immer leicht gekränkte Sarkasmus eines minderbegabten Empfängers unglaublich hoher Gelder; sein Gehalt ist exorbitant und wird durch Drittmittel finanziert.

Anekdotisch gibt er, auch gerne in größerer Runde, zum Besten, dass er gleich zu Beginn seiner Tätigkeit für die Stiftung eine Lektion erhalten habe, die ihn, den damals einundzwanzigjährigen Absolventen der Social Healthcare-Privatakademie, maßlos aufgeregt habe. Der Direktor selbst habe ihn, nachdem er Helmut ein leidenschaftliches Plädoyer für die alternativlose Gründung marxistisch-zionistischer Männer-Wohngruppen anstimmen hörte, darauf hingewiesen, dass auch im Tierschutzmetier ein gewisser IQ hilfreich sei, um größeren Schaden von Tieren und Menschen fernzuhalten. Der Direktor, ein nüchterner, reflektierter Mann, der mit Umsicht und großem Erfolg über viele Jahre hinweg die Geschicke der Stiftung geleitet habe, habe ihm allen Ernstes gesagt, für Trottel wie ihn, also Helmut, die glaubten, der Marxismus sei nur zionistischen Veganern verständlich, finde sich nie eine geeignete Verwendung. Man könne nur dafür sorgen, dass sie einen Arbeitsplatz erhielten, an dem sie wenig zu tun und noch weniger zu entscheiden hätten.

Helmut wurde damals in die Administration der Stiftung gesteckt. Er sollte nur einfache Briefe verfassen, frankieren und versenden. Es war ihm jedoch explizit verboten, mit Außenstehenden persönlich Kontakt aufzunehmen. Um ihn ruhigzustellen und seinen Ehrgeiz zu beschwichtigen, erhielt er die klangvolle Berufsbezeichnung Public Correspondence Consultant. Niemand konnte damals ahnen, dass ihm durch die Verleihung dieses Berufstitels einmal die Pforte geöffnet würde, um zu höheren Weihen zu gelangen.

Tatsächlich avancierte Helmut, zehn Jahre später, zum Head of Public Affairs, weil der Nachfolger des alten, mittlerweile pensionierten Direktors, sich hatte blenden und verleiten lassen, Helmut zu befördern. Das erschien dem neuen Direktor umso naheliegender, als Helmut über lange Zeit hinweg eine ähnlich klingende Funktion offiziell ausgeübt hatte. Helmut hat sich diese unverhoffte Beute niemals mehr entreißen lassen, und die sechs Mitarbeiterinnen, welche ihn seit über 20 Jahren davon befreien, selbst zu denken und zu arbeiten, sind – obgleich spröde in ihrem Auftritt – Engel an Geduld und Nachsicht. Es sind fast immer die vierzig- bis fünfzigjährigen Assistentinnen, die größere Pleiten verhindern, indem sie diskret, professionell und fleißig ihre Arbeit im Nebenzimmer verrichten. Sie sind es, die mit trotziger Loyalität ihre Chefs vor Sturz und Schande bewahren, ohne dass es ihnen ihre Chefs je danken würden. Meist verstehen ihre arroganten Vorgesetzten nicht, wie viel Unterstützung sie erfahren, und wenn, so steigert dies nur ihren Widerwillen und ihre Blasiertheit.

Helmut kennt keinen Dank, und das aus Prinzip. Er ist über 50 Jahre, mit sich und der Welt in stetem Konflikt und nahezu immer verstimmt oder krank. Helmut verfettet mit einer Rasanz, die seine Frau selbst vor radikalen Methoden nicht mehr zurückschrecken lässt.

Über seinem Gürtel wölbt sich ein Bauch in Boulléeschen Dimensionen. Fast 130 Kilo ruhen auf den Beinen einer verquasten Existenz, die zu viele Privilegien genießt, als dass sie noch eine Vorstellung davon besitzen könnte, wie es wäre, sich mit weniger begnügen zu müssen.

Helmuts Frau Marion ist, wie ihr Mann, beherrscht von egozentrischen Launen. Ihre Egozentrik verführt sie jedoch nicht dazu, die Außenwelt zu vergessen oder fortwährend neue Krankheiten bei sich zu entdecken. Dennoch leidet auch sie an notorischer Ignoranz und agiert gerne entgegen aller Logik. So hat sie die Fettleibigkeit ihres Mannes, der sich an den Wochenenden in einem idyllischen Ferienhäuschen am Attersee mit Süßigkeiten und opulenten Mehlspeisen mästet, nicht etwa dazu gebracht, ihm strenge Diät oder eine gesündere Lebensweise zu verordnen. Ihre Antwort auf das Problem war vielmehr so abwegig wie brachial, aber auch bezeichnend für ein Paar, dessen Körper sich nicht bedingen.

Marion buchte einen vierwöchigen Aufenthalt in einer Ayurveda-Klinik in Vietnam, „weit weg von allem psychischen Ballast, der unsere Seelen verseucht", so Helmut. „Du wirst es nicht glauben, aber in dieser Klinik nehmen die Leute nicht nur ab", beteuerte Helmut, „nein, sie befreien sich und finden zu neuer Lebens- und Beziehungsqualität." Helmut atmete hektisch am anderen Ende der Leitung, als er mir zum ersten Mal von Marions Plänen erzählte. Ich wusste, er erwartete eine Frage, einen Kommentar oder auch nur ein kleines Zeichen der Zustimmung. Mein Schweigen schien ihn zu provozieren. „Und, was denkst du?", drängte er ungeduldig auf eine Antwort. „Ich frage mich, warum du den Kontinent wechseln musst, um abzunehmen", erwiderte ich leichthin, wissend, dass er wusste, wie wenig ich darauf gab, sich in fernöstlicher Esoterik der Gewichtsabnahme zu widmen. „Sag, Helmut", lenkte ich ab, „welche Behandlung erwartet dich dort?" Er seufzte, räusperte sich und sagte, fast beiläufig, als beträfe es ihn nicht: „Ich bekomme dreimal täglich ein Klistier", hier machte er eine längere Pause, „der Dreck muss raus." „Ja, der Dreck muss raus", heuchelte ich Verständnis, und tat alles, um ein hysterisches Gelächter zu unterdrücken. „Das hilft enorm und ich bekomme mehr Gefühl für mein Innen", gab mir Helmut mit Verschwörerstimme zu verstehen. Er sprach mit solchem Ernst von seinem Innen, dass ich ein lautes Niesen fingierte, um das hektische Kichern zu übertönen, das ich mühevoll niederrang. Doch wenig später verlor ich jede Beherrschung und begann zu lachen, schamlos laut, wenn auch ohne Häme, denn ich war viel zu erstaunt, um Helmut verspotten zu können. Helmuts Gesicht changiert jetzt bestimmt in allen Farben cholerischer Entrüstung, dachte ich frei von Spott und erlebte einen Moment seltener Klarheit. Nie zuvor war mir ähnlich bewusst gewesen, dass Männer nichts mehr verletzt, als zu glauben, andere Männer könnten denken, sie hätten ihren Glauben an sich selbst verloren.

Marion würde Helmut mit großer Behutsamkeit auf den Pfad ayurvedischer Heilserfahrung führen müssen. Helmut durfte nicht einen Augenblick zweifeln, dass ihm damit ungeahnte Wege und Chancen offen stünden, sich ganz neu zu erfahren.

„Lieber Helmut", versuchte ich ihn zu besänftigen, „es wird dir ganz gewiss in Vietnam gefallen. 30 Tage in traumhafter Atmosphäre, ohne jede Verpflichtung und frei zu tun, was immer du wünschst, kann nur schön sein. Danach wirst du dich ganz gewiss besser fühlen." Da ich keine Antwort erhielt, lauschte ich seinen Atemzügen und wartete geduldig. Er seufzte, räusperte sich, wie immer viel zu laut, und sagte mit belegter Stimme: „Ich hoff's, mein Lieber, ich hoff's. Prinzipiell halte ich nicht viel von asiatischen Heilpraktiken, aber Marion meinte, es täte auch unserer Beziehung gut."

Eure Beziehung, wollte ich sagen, ist ein trostloses Silo längst kompostierter Träume und Sehnsüchte, doch ich hielt mich bedeckt und schwieg. Einer Ehe über die täglich gemeinsam verrichtete Reinigung der Darmflora einen erotischen Stimulus geben zu wollen, ist eher ein Akt der Verzweiflung als des Einvernehmens. „Ehen kitten mit Klistieren" klingt nicht wirklich vielversprechend; doch wann fände das Scheitern verbrauchter Ehen jemals klangvolle Namen?

Was Helmut fehlt, ist nicht etwa der Körper seiner Jugend oder ein Titel, um im Land ständig titulierender Titelträger diskursfähig zu sein. Was ihm fehlt, sind nicht allein Galanterie oder Charme – das alles ließe sich kompensieren. Was Helmut tatsächlich fehlt, sind Zuversicht, Enthusiasmus und jene unersetzbare Suggestivkraft, ohne die kein Mann je eine Frau dazu gebracht hätte, sich mit ihm zu vereinen. Marion war noch nie so empfänglich für jede kleine Geste der Zärtlichkeit, Marion war noch nie so willens, Helmut zu lieben für ein bescheidenes Bakschisch freundlicher Zuwendung. Doch wenn es um Verständnis für andere geht, ist Helmut taub, blind und stumm. Die Wünsche und Sehnsüchte seiner Frau wird er nie erfüllen können, da er sie nie gekannt hat, noch erkennen wollte.

Die gemeinsame Reise würde scheitern, würde scheitern müssen, denn Helmut ging in der resignierten Haltung des Nazareners, der in Gethsemane seine letzte Schreckensnacht vor der Kreuzigung erwartet und weiß, er und kein anderer ist es, der sich opfern muss.

Seine Rückkehr, so wusste ich bereits lange vor seiner Abreise, würde keine gewöhnliche sein. Helmut würde furchtbare Schläge erlitten haben und sein Jammer würde unendlich sein. Und tatsächlich, wenige Tage nach seiner Heimkehr gab er mir einen detaillierten Bericht über die vietnamesische Oper, die er inszeniert hatte. Er rief mich an, vorgeblich, um über ein Forschungsprojekt zu sprechen, das stagnierte, weil niemand bereit war, alles für ihn zu erledigen. Das Projekt beschäftigte ihn jedoch nur von ungefähr. Nach zwei, drei Sätzen geheuchelten Interesses für die Arbeit ging er in medias res und gab mir seinen Vietnam-Report.

„Eine Woche, hörst du, eine Woche, war ich dort", hier schnaubte er wild, „und dann konnte ich nicht mehr atmen. Zu, alles zu, verstopft und verschleimt", lamentierte er mit der Stimme eines fernöstlichen Klagemönchs. „Meine Bronchien waren am Ende und in den Nächten hatte ich Angst, zu ersticken." Helmut enttäuschte mich nicht. Seine Schilderungen waren wie immer überzeichnet und einem Jammer-Jargon verpflichtet, der jedes Wort mit Verzweiflung kolorierte. Er setzte stimmlich Akzente des Elends, die unnachahmlich waren. „Das klingt ja furchtbar. Und dann, was geschah dann?", lockte ich ihn, ohne Notwendigkeit, aus der Reserve. Es war nicht erforderlich zu fragen. Er würde ohnedies alles erzählen, ohne Erbarmen und mit dramaturgisch geschickt verzögerter Ausführlichkeit. „Die Heiler der Ayurveda-Klinik waren absolut desinteressiert. Sie meinten, mein Infekt ginge auf falsche Ernährung zurück", empörte er sich künstlich hustend. „Das klingt nicht gut", erwiderte ich kurz und lakonisch, weil ich wusste, dass jedes Wort zu viel nur dazu führen würde, seine Erzählung zu verlängern. „Nicht gut", schrie er auf, „nicht gut ist ein schöner Begriff dafür, dass ich fast gestorben wäre. Mein Fieber lag im 43er-Bereich", klagte er trotzig. „Normale Menschen überleben das nicht." Da war sie wieder, die Sehnsucht des talentfreien Mittfünfzigers, mehr zu sein als die Norm, mehr zu können, mehr zu ertragen, mehr zu erdulden als jeder andere.

Helmut überschattete grundsätzlich eine Wolke aus krampfhaft gezügelter Wut, ergänzt um eine Note heimlicher Hoffnung, einmal Teil des Ganzen zu sein, das ihn umgab. Das jedoch, so wusste ich längst, würde für ihn immer illusorisch bleiben. So sehr er sich darauf verstand, kenntnisreich über die Vorzüge seines Audi A8 mit hydraulisch verstellbarer Rückenlehne oder die Degeneration seiner Nacken- und Lendenwirbel zu berichten – „der Fünfer ist so porös, der bringt mich um" –, so wenig konnte er sich selbst davon überzeugen, wichtig zu sein. Erst dieses Detail machte ihn unerträglich für jeden, der nicht an Helmuts Heldenlegende arbeiten wollte. Mit Helmut befreundet zu sein, bedeutete, Helmut unablässig zu affirmieren.

Einer seiner Freunde, ein blutjunger, geltungssüchtiger Hamburger Journalist mit schlechten Umgangsformen und einer unerträglichen Art, seine Vorzüge anzupreisen, hofiert ihn so süßlich, dass die blutlüsternen Avancen eines Vampirs dagegen spröde und anständig wirken. Beide können sich nicht oft genug daran erinnern, dass sie beträchtlichen Anteil daran besaßen, mit einem Tierschutzbeitrag jenes unselige Bauernkind ins Fernsehen zu bringen, das viele Jahre, einsam und ohne Hoffnung auf menschliche Nähe oder Erlösung, in einem abgeschiedenen Linzer Gehöft eine Kaspar Hauser-Existenz führen musste und danach nicht wusste, wie ihm geschah, als es sich in den Medien wiederfand. Insbesondere der sich empathisch gebärdende Journalist erklimmt alle Sprossen der Obszönität. So hält er sich viel darauf zugute, selbst in Internierungslagern, bei Interviews mit Kandidaten, die ihrer Hinrichtung entgegensehen, menschlich zu bleiben. Davon erzählt auch sein Buch „Ich schaue hin, nicht weg", das sein gebräuntes, von langen Haaren gerahmtes Konterfei nicht allein auf dem Titel, sondern auf jeder weiteren Seite präsentiert, als könne ein Buch nur bestehen, wenn jedes geschriebene Wort auch ein feixendes Gesicht als Illustration erhält. „Ulf Kammer besucht Mohammed C. im Todestrakt. Links von ihm steht Caroline S., die den Autor von Hamburg in den Sudan begleitet hat." Oder: „Ulf Kammer im Interview mit Scheich N'Adimme, der dem Autor die Technik der Klitorisbeschneidung nahebringt." Solche und ähnliche Bildunterschriften sind allgegenwärtig. Gleichgültig, welche Seite aufgeschlagen wird, der schmierige Journalist zahnt dem Leser penetrant entgegen. Von besorgter Neugier getrieben, kündet der Klappentext, verstehe und begreife Ulf Kammer sich und sein journalistisches Handwerk als Übersetzer gesellschaftlicher Probleme.

Jeder, der Kammer länger als fünf Minuten kennenlernen darf, weiß, dass er selbst seine Genitalien verkaufen würde, wenn die Zuschauerzahl seiner zwanghaft-investigativen TV- und Online-Beiträge nicht länger bei wenigen Tausend verharrte. Da das jedoch niemals geschehen wird, behandelt er seine devoten Assistentinnen mit der zynischen Freundlichkeit eines Zuhälters, um seine Frustration zumindest ein wenig zu ventilieren. Die beiden assistierenden Mädchen dienen ihm, das ist unschwer erkennbar, wie alle Menschen und Dinge, allein zur Befriedigung seiner Triebe.

Wer Helmut und Ulf Kammer gemeinsam essen sieht, wer ihnen lauscht, wenn sie einander zu überbieten suchen, mit unmäßigen Komplimenten, wünscht sich einen geistigen Radiergummi, um diese Szene für immer auszulöschen. Nichts ist widerwärtiger als zwei postpubertierende Radikal-Narzissten, die, könnten sie, wie sie wollten, gerne Klistier im Anus des anderen wären. Marion hingegen ist niemand, der mit Helmuts Charme und Verständnis rechnen dürfte. Ihre intimen Augenblicke mit Helmut finden immer dann statt, wenn sie seine Probleme beseitigt.

So blieb es in Vietnam Marion vorbehalten, einen Facharzt zu finden, der Helmuts Fieberattacken bekämpfte. „Bis nach Cà Mau musste Marion reisen, um einen Arzt zu finden, der das dringend benötigte Antibiotikum verschreiben konnte", lamentierte Helmut, als habe er selbst die Reise machen müssen. „Bis Marion endlich wieder zurück war, lag ich fast in Agonie", berichtete Helmut und setzte gekonnt eine Kunstpause, ehe er mit bebender Stimme fortfuhr zu klagen: „Ich lag in einem Raum nicht größer als mein Büro und", hier stockte er erneut, rang um Fassung, ehe er unter Tränen wiederholte, „und ich lag fast in Agonie." Vermutlich ist Helmut der einzige Mensch auf Erden, dem es gelang, fast in Agonie zu liegen. Es war so typisch für Helmut, der heimlich Fleisch aß, um Marion, die sich vegan ernährte, nicht zu verärgern, dass er auch bei Geschichten wie diesen nicht begreifen wollte, was tatsächlich belastend für andere wirkte.

Weder profitierte Marion davon, dass ihr fettleibiger Mann darauf verzichtete, vor ihren Augen Fleisch zu verzehren, noch beglückte es sie, einen Tag lang für ihn auf Reisen gegangen zu sein, um Antibiotika zu besorgen, die er nicht benötigte. Seine Lungenentzündung war wenig mehr als ein leichter Infekt, seine Atemnot nichts weiter als ein Symptom ohne Krankheit. Helmuts einzige Krankheit war seine Egozentrik. Es war ihm gleichgültig, welche Wege Marion absolvieren musste und wie sie diese absolvierte. Was er wollte, war allein den Nachweis anzutreten, dass sein Opfer, mit Marion auf Reisen gegangen zu sein, nicht größer hätte sein können.

Helmut wusste, Marion würde sich wegen seiner Erkrankung Vorwürfe machen, was er jedoch nicht wusste war, dass Marion einmal genug haben würde, erpresst zu werden. Demütigungen gar zu lange pflichtschuldig zu erdulden, führt zwangsläufig zu Eklats und unversöhnlichem Streit.

Marion hatte mir bei einem meiner immer seltener werdenden Linz-Besuche erzählt, Helmut habe, als ein Sturm den Attersee über die Ufer treten ließ und ihr Häuschen und den angegliederten Garten mit Schlamm und Schmutz überschwemmte, geglaubt, sie hätte ihre Rosenbüsche, Blüte um Blüte, gereinigt, weil sie sentimental geworden sei, ein sanftes, kindliches Herz besäße und nicht ertragen könne, was den Pflanzen widerfahren sei. Sie habe jedoch die Blüten nur gereinigt, weil sie wusste, sie würden sich wieder erholen. Allein Pragmatismus und botanischer Sachverstand habe den Anstoß gegeben, sich den Rosen und keiner anderen Pflanze zu widmen und sich so zu verhalten, wie sie sich eben verhalten habe. Helmut aber sehe oft Dinge mit

Emotion, weil es ihm an Sachkenntnis fehle. Das sei auch immer wieder Anlass für sie, mit ihm zu streiten. Sie streite mit ihm nicht etwa, weil sie Gefallen daran finde, sondern weil sie es manchmal nicht ertragen könne, wie wenig er von ihren Dingen verstehe. „Ich würde gerne sagen, unsere Ehe habe mir Glück gebracht und unsere Kinder seien der Jugend entwachsen und selbständig. Doch ich kann es leider nicht sagen, da mein einziges Kind nie seine Pubertät verlässt, dafür aber altert und verfettet, und das mit jedem Tag rapider. Welche Frau", fragte mich Marion, „möchte schon die Unterhosen ihres Mannes waschen, bügeln, falten und verstauen, und mit Angst daran denken, wie viel Zeit wohl noch bleibt, bis die ersten Einlagen gegen die Inkontinenz notwendig werden?"

Keine, hätte ich gerne entgegnet, doch ich hielt mich zurück und ließ sie selbst ihre Frage beantworten: „Wahrscheinlich keine, ausgenommen vielleicht seine Mutter", höhnte sie leise. „Seine Mutter, die ihren ödipalen Sohn dazu erzogen hat, sich in Selbstmitleid zu suhlen und jede Krankheit an sich zu reißen, die in seine Nähe kommt. Glaub' mir, Clemens", sagte sie traurig, „Helmut wusste nie mehr als ihm angenehm war und das ist wirklich nicht viel." Erbittert fuhr sie fort: „Ich lebe mit einem ödipalen, hypochondrischen, geschlechtslosen Menschen zusammen, der keine Ambition erkennen lässt, mich anders als eine Stiefmutter zu behandeln." Marion hielt kurz inne, als lausche sie einer Stimme, die ihre ganze Konzentration erforderte. „Ich glaube, Helmut kann sich nicht ändern. Ich hingegen schon. Ob zu meinem Glück oder Unglück, wird sich weisen." Marion lächelte resigniert, gab sich einen Ruck und blickte mich an. „Die zentrale Frage ist jedoch, ob ich mich immer ändern möchte?" Ihre Stimme klang jetzt weit selbstbewusster, fast trotzig und so, als habe sie längst entschieden, sich nur noch zu ändern, wenn es ihr helfen würde, selbst besser zu leben.

Marions Eheerfahrung gab wenig Anlass zu Optimismus. Ihr dicker Gatte würde weiter essen, verfetten und schließlich zu einem amorphen Körper verkommen. Immer wieder würde er neue Ansprüche stellen, die alle nur das Ziel kannten, auf angenehme Weise versorgt zu sein. Wie ein narzisstisches, ewig nörgelndes Kind, das jede Kritik an sich als bos- und krankhafte Übertreibung versteht, würde Helmut Marion nicht nur jede Lebensfreude nehmen, sondern auch jedes Mittel nutzen, ihre Unterdrückung im Alltag zu zementieren.

Ein einziges Mal hatte Marion versucht, sich aus den Tentakeln ihrer männlichen Hydra zu lösen und war gescheitert. Ich erinnere mich noch gut an Helmuts Gejammer, als Marion zu einer Reise nach Bali aufgebrochen war, ohne Helmut, befreit von seiner steten Überwachung und dankbar, ihre Nanny-Schürze für kurze Zeit an den Nagel zu hängen.

Sie hatte ihre Reise von langer Hand akribisch geplant, jede Eventualität bedacht und nichts dem Zufall überlassen. Helmut wusste, sie würde für vier Wochen Yoga-Kurse besuchen, meditieren und versuchen, wieder zu Kräften und in Balance zu kommen. Helmut wusste, sie würde telefonisch nur an manchen Tagen und dann nur kurz erreichbar sein. Helmut wusste, es würde klug sein, nichts davon zu hinterfragen, und einmal, nur einziges Mal, seine eigenen Wünsche zurückzustellen. Und wirklich nahm sich Helmut ernsthaft vor, alles zu unterlassen, was Marions Reise gefährden könnte.

So hatte sich Helmut, als der Abreisetag kam, noch couragiert und tapfer gegeben, Scherze gemacht und darauf hingewiesen, wie sehr ihm daran gelegen sei, dass Marion ihre Reise genieße und wisse, dass es keinen Grund gebe, sich um ihn zu sorgen. „Marion, du weißt, wie viel mir an deiner Gesundheit liegt. Bitte, sorge dich nicht um mich. Freu' dich auf die Zeit in Bali und vergiss nicht: Ich halte meine Versprechen", so hatte er beschwichtigend auf Marion eingeredet, die, wie er sehr wohl wusste, ein schlechtes Gewissen plagte, und das obwohl sie es furchtbar fand, ständig kontrolliert und gegängelt zu werden. Meist haben jene Menschen ein schlechtes Gewissen, die geknechtet werden und nicht jene, die knechten. Moralische Habituierungen sind immer weit wirkungsmächtiger als Logik und Vernunft und so gestaltet sich unser Leben selten gerecht oder gar vernunftgemäß.

Marion war sehr verblüfft über die Souveränität ihres Ehemanns, entschied sich jedoch, entgegen jeder Vernunft und Empirie, sein Verständnis zu genießen, wenn auch, ohne ihre Skepsis ganz zu verleugnen. Ihr Misstrauen soufflierte ihr längst, was geschehen würde. Die Intervalle der Zuversicht wurden immer kürzer und wichen, wenige Minuten bevor Helmuts Audi A8 den Flughafen erreichte, der stetig wachsenden Sorge, ihr Mann könnte doch noch seine gelassene Haltung aufgeben und in eine Flut von Verwünschungen ausbrechen. Sie wusste, dass Helmuts Logik weder klaren Überlegungen folgte, noch Tabus kannte. Sie wusste, Helmuts Logik folgte allein seinen Affekten, und diese konnten sich überraschend Bahn brechen – drastisch, vehement und wild.

Wie eine Windböe auf hoher See, die ein Schiff kentern lässt, das vor wenigen Augenblicken noch gelassen und sicher die Wellen durchpflügte, würden Helmuts Emotionen ansatzlos eskalieren und ihre naive Hoffnung, er würde imstande sein, sich zu mäßigen, zerstören. Helmut bewahrte jedoch wider Erwarten Fassung, parkte das Auto mit Ruhe und Umsicht, öffnete ihr die Türe und trug auch, sich seiner Pflichten bewusst, ihre Koffer zur Gepäckaufnahme. Selbst, als der Augenblick gekommen war, sich zu trennen und Marion durch die Kontrollen gehen zu lassen, war er gefasst, fast heiter. „Servus, mein Schatz, ich liebe dich", hörte sie ihn sagen, ehe er ihr zwei sanfte Küsse auf Stirn und Mund gab, sich mit einem Lächeln abwandte und, ganz wie sie es verabredet hatten, ohne einen Blick zurückzuwerfen, davonging, entspannt, aufrecht und, wie sie es immer ersehnt hatte, mit Schwung und ohne geduckte Schultern. Wogen des Glücks durchströmten ihre Extremitäten, entsandten angenehm-stimulierende Impulse durch ihre Brust, auf eine lang entbehrte Weise, an die sie nahezu jede Erinnerung verloren hatte.

Eine Lasur zarter Rottöne legte sich über ihr Dekolleté, bedeckte ihren Hals, stieg auf in Wangen und Stirn, verjüngte ihr Gesicht – ihre ganze Präsenz – und ließ Marion strahlen. Marion wusste nicht, dass im selben Augenblick Helmut in seinem Audi A8 einen hysterischen Weinkrampf erlitt und seinen Kopf, wieder und immer wieder, gegen sein Lenkrad schlug, bis er, benommen vor Unglück und Scham, das Handy ergriff und Marions Nummer wählte. Sie hatten verabredet, kurz vor dem Boarding noch einmal einander Adieu zu sagen. Der Klingelton verriet Marion noch nicht, was geschehen war. Noch lebte sie in der gnädigen Vorstellung, es würde keine Komplikationen geben. Alle Hochgefühle und Illusionen wurden jedoch getilgt, als sie Helmuts gepresst schluchzende Stimme hörte, die immer wieder denselben Satz sagte, und das mit einer Intensität und Eindringlichkeit, die sie frösteln ließ: „Bitte, bitte, lass' mich nicht allein, bitte, bitte, geh' nicht weg." Die fünf Minuten Würde haben sich verbraucht, dachte Marion traurig. Marion kannte ihren Mann und wusste, dass ihre Reise hier und jetzt endete. Helmut musste nicht alle Register ziehen. Es genügte der implizite Hinweis, es finde sich auch für das größte Problem immer eine Lösung, denn der Tod weise niemanden zurück. Dieser Satz verfolgte Marion seit dem Tag, als sie Helmut dabei ertappt hatte, wie er weinend auf dem Dachboden alte Kartons durchwühlte, um Bilder von seiner Mutter zu finden, die ihm alles bedeutet hatte.

Der kleine Helmut konnte nie verwinden, dass seine Mutter ihm wenig Beachtung schenkte und seine Intelligenz als belanglos einstufte. Ihr raues Wildkatzen-Lachen hatte den Jungen schon früh jeder Lebensfreude beraubt – den minderbegabten Jungen, dessen Schwester zu talentiert war, als dass sie jemals wie Helmut die Qualen durchleben musste, die Rückgabe von Klausuren schweißgebadet zu erwarten. Helmut hatte oft gepatzt und seine Matura beim zweiten Mal nur bestanden, weil sein Vater Helmuts Schuldirektor noch aus Studientagen kannte.

Die Fragen waren ihm zwei Tage vor den Prüfungen zugegangen, was ihm die Möglichkeit gegeben hatte, sich gezielt vorzubereiten. Sein Vater, ein stolzer, beherrschter Mann, belesen, weltläufig und als Dirigent des Linzer Ensembles keine unbekannte Größe in der Stadt, hatte sie ihm ausgehändigt, erbittert und indigniert, dass es seinem Sprössling unmöglich schien, auf normalem Weg eine anständige Zensur zu erreichen. „Du bist für mich eine Enttäuschung, Helmut", stellte er sachlich und emotionslos fest. „Deine Dummheit kränkt mich mehr, als mir lieb ist." Er mied jeden Augenkontakt mit seinem Sohn, massierte seine Schläfen mit kurzen, präzisen Bewegungen und ergänzte, fast beiläufig: „Hoffen wir, dass deine begrenzten Talente einen zahlenden Abnehmer finden. Streng dich an, Hohlkopf", grollte er leise, doch gut verständlich, als er die Aufgaben auf Helmuts Schreibtischplatte hinterlegte und den Kopf dabei unmerklich schüttelte, als wolle er einem gar zu lästigen Gedanken den Zutritt in sein Bewusstsein verwehren. Helmut starrte seinen Vater verzweifelt an, doch dieser hatte bereits jedes Interesse an ihm verloren und ging, wortlos und ohne ihm zum Abschied die Hand gereicht zu haben.

Helmut hatte diesen Augenblick nie verwunden. Noch Jahrzehnte später erbleichte er vor Scham, wenn er sich daran erinnerte, zerbiss seine Lippen in Hass und Wut auf sich, seinen Vater und jene schreckliche Welt, die ihm keine Anerkennung schenken wollte. Wenn er sich nicht verbieten konnte, die Szene erneut zu beschwören, hoffte er immer, es ließe sich mit dem Déjà-vu vielleicht der finstere Dämon verjagen, der seine Seele seit über 30 Jahren zerfraß. Die Erinnerung an das unbarmherzige Urteil seine Vaters hatte ihn unwiderruflich in einen Mann verwandelt, der seinen Selbstekel nur ertragen konnte, indem er andere zwang, seine Launen, seine Hypochondrie und hysterische Egozentrik zu ertragen. Er hatte es nie verwunden, ein unzulänglicher, peinlicher Sohn zu sein, der augenscheinlich von seinem Vater als Dummkopf gehandelt und für immer in die Kaste unzulänglicher Kreaturen verwiesen wurde.

Helmut gefiel sich, je älter er wurde, zunehmend mehr in der Rolle des Ab- und Zurückgewiesenen. Es bereitete ihm eine perverse Lust, seine erlittenen Demütigungen aufzuzählen: „Für meinen Vater war ich ein Idiot und meine Mutter hasste mich bereits, ehe ich zur Welt kam. Sie war psychotisch und Trauma-Patientin", ergänzte er wichtigtuerisch und stolz, zwei Fachtermini zu kennen, die sein profundes Wissen – seine Wissenschaftlichkeit – belegen sollten. „Meine Mutter war krank, wirklich krank", teilte er häufig Menschen mit, die ihm, gleichgültig wo, begegneten. Es gab kein Entrinnen, für keinen von uns.

Helmut bestimmte die Themen und Regeln der Konversation. Seine Penetranz ließ keinen Raum für mehr als sich selbst und das scheint charakteristisch zu sein für das große Heer fünfzigjähriger Männer, die es nicht verwinden können, am Leben zu sein, ohne zu wissen wofür und für wen.

In den Augen jener, deren Liebe sie am meisten ersehnt haben, ist nur Enttäuschung, und in den Augen jener, die ihnen ernsthaft Liebe entgegenbrachten, lauert, nach Jahrzehnten psychischer Fron und Unterdrückung, nur noch die Sehnsucht, endlich von ihnen befreit zu sein.

Helmuts Kindheit wäre bedeutungslos, hätte er je erkannt, dass die Liebe seiner Frau und nicht der Hochmut seiner Eltern ein brillanter Kompass gewesen wäre, den Kurs seines Lebens zu bestimmen. Doch Helmut ist über fünfzig und, wie sein boshafter Vater, Opfer jener Chimären, die er einst selbst erschaffen hat, ohne zu wissen, dass sie seine Persönlichkeit zersetzen würden.

6. Der Unternehmensberater *oder* Impulskontrollverlust

Dr. Großhans wirkte erschöpft. Dieser Tag hatte an seiner Substanz gezehrt und da er beruflich immer darauf verpflichtet war, konzentriert und freundlich zu sein, kam er selten zur Ruhe. Selbst wenn er kurze Phasen der Ruhe erlebte, konnte er seinen Aktionismus nur schwer kontrollieren. Alles an ihm war in Vibration. Seine Knie zeigten dieses unerklärliche, konstant anhaltende Wippen, das oft bei Sportlern in Diskussionsrunden zu beobachten ist und das – nicht nur mich – nervös und aggressiv werden lässt. Ein ähnlicher Widerwillen befällt mich nur, wenn Menschen ihr Auto ohne ersichtlichen Grund über fünf bis zehn Minuten laufen lassen. Das Geräusch eines Motors, der nicht zur Ruhe kommen darf, ist penetranter als ich ertrage und erweckt in mir wilde Bestrafungsfantasien. Wer an einem Sonntagmorgen viel zu früh erwacht, weil durch die offenen Fenster seines Schlafzimmers eine Mixtur aus schmachtend-türkischer Rhapsodie und ungezügelter Gaspedalübungen dringt, wird meine Aversionen verstehen und teilen. Dennoch, trotz seiner ähnlich provozierenden Marotte, mochte ich Dr. Großhans und betrachtete ihn mit Sympathie. Er war unter seiner Spezies ein besonderer Zeitgenosse, denn sein Job als Unternehmensberater hatte ihn menschlich nicht derart zugrunde gerichtet, dass er allem und jedem zustimmte. Sein Lächeln kannte auch Nuancen von Selbstironie, Spott und sogar Verzweiflung.

Dr. Großhans war von den drei Provinztrotteln, die unsere Organisation vorgeblich führten, damit beauftragt, einen „kumulativen Evaluierungsprozess" einzuleiten. Er besuchte uns turnusweise zu mehrtägigen Sitzungen, deren Sinngehalt nur kennt, wer sie für Unsummen verkauft und moderiert.

Dr. Großhans war eher klein, leicht untersetzt, trug etwas zu enge Anzüge – die das reichlich vorhandene Hinterteil betonten – und eine teure Designer-Brille mit stahlgefassten Gläsern. Großhans war immer zu laut, wiederholte sich gerne und hatte die Eigenart, Flipcharts mit unmotivierten Gimmicks zu illustrieren, was jedoch niemanden störte, da alle anwesenden Führungskräfte – mittleres Management ohne weitere Perspektive – nur mit sich und ihrer Ernährung beschäftigt waren. Nahezu stündlich wurde Essen herangeschafft von der dreiköpfigen Hausmeisterschar lustiger Weißrussen, die sich an der ernährungslogistischen Aufrechterhaltung des mittelständischen Unternehmens eine goldene Nase verdienten.

Catering ist ein unersetzlicher Transmitter für das Nervensystem des heutigen Arbeitslebens, in dem fettleibige Männer und kurzhaarige Frauen um die Vorherrschaft ringen, wobei letztere eher selten Erfolge verzeichnen, vielleicht weil ihr Appetit sich auf Aufgaben konzentriert, die keinen Nahrungskonsum betreffen. Wer früh begreift, dass sich niemand für Arbeit, doch jeder für Mahlzeiten interessiert, wird in vielen Fällen Karriere machen.

Der Chef unserer weißrussischen Hausmeistercrew – er war nicht nur Vorgesetzter, sondern auch Vater, Onkel und Cousin seiner Angestellten – blieb oft auf einen kurzen Schwatz bei mir stehen, wenn er am späten Abend seine Kreise durch die verwaisten Räumlichkeiten des Unternehmens zog, um die letzten Reste der Business-Fressereien zu entsorgen. Halb ernst-, halb scherzhaft hob er dann den Zeigefinger und fragte mich, der ich noch arbeitete: „Dr. Clemens", er nannte mich immer bei Dr.-Titel und Vornamen, „warum sitzt du noch hier? Alle anderen sind längst gegangen." Eine vernünftige Antwort hatte ich nicht zur Hand, und so lachte ich immer, reichte ihm eine Zigarette, gab ihm Feuer und sagte: „Vielleicht, weil ich dumm bin?" Heute würde ich das vielleicht streichen, meine Zigaretten nehmen und das triste Büro sofort verlassen, in dem ich unglaublich viel Zeit vergeudet habe. Selbst das Rauchen ist dort verboten. Die Prohibition hat längst wieder Konjunktur, nur gilt sie heute dem Tabakkonsum, der dem Staat angeblich großen Schaden zufügt. Tatsächlich bewirkt er nur, dass Menschen wie ich spätestens mit Beginn ihrer Rente das Zeitliche segnen. Davor zahlen sie Unsummen an Steuergeldern, um ihr Laster zu finanzieren. Raucher eröffnen dem Staat gewaltige Einnahmequellen und Sparpotentiale, doch sie rauchen und das macht sie zu Aussätzigen.

Aleg, so hieß unser Hausmeisterchef, philosophierte gerne, meist über Wert, Sinn und Unsinn seiner Arbeit, vergaß aber nie, auch darüber zu klagen, „wie viel Brot in diesem Hause", genau das waren seine Worte, „im Bauch der Dummheit landen." Aleg konnte auch nicht verstehen, warum es unseren Führungskräften nie genügte, satt zu sein. „Was für Männer sind das, die den Wert ihres Essens nicht kennen?", fragte er mich, seinen dürren Kameraden, der ihm eine plausible Antwort schuldig bleiben musste. Was hätte ich sagen können? Er hatte recht und wir beide wussten, dass er recht hatte. So schwieg ich, doppelt beschämt, weil ich wusste, dass er aus einem Krisengebiet geflohen war, von Hunger getrieben, ohne jeden Besitz und allein auf sich gestellt. Er zumindest war sich im Klaren, wofür er täglich buckelte, und seine Kinder und Enkel wussten es auch: Aleg war das Fundament ihrer besseren Gegenwart und goldenen Zukunft. „Dr. Clemens, du musst hier weg. Diese Leute verdienen keine Achtung", mit diesem Satz verabschiedete er sich immer von mir, mit diesem Satz und seinem expliziten Dank für die erhaltene Zigarette. Aleg war ein höflicher Mann und besaß gute Umgangsformen und Aleg wusste, wovon er sprach. Der Umgang mit Essen verrät viel über den Charakter eines Menschen.

Auch Dr. Großhans blieb nicht verborgen, dass bei den von ihm moderierten Konferenzen das Essen im Zentrum stand. Er machte sich gerne den Spaß, jede Pause mit sardonischem Grinsen anzukündigen, verbunden mit dem Hinweis, er selbst würde lieber mit der Arbeit fortfahren. Obwohl die Tagesagenda allen vorlag und jeder wusste, dass Essenspausen fest eingeplant waren, sorgte er damit stets für Verwirrung. Der Effekt war zu groß, als dass ich Dr. Großhans seinen zynischen Scherz verübelt hätte, den er, unter Verzicht seiner sonst immer gewahrten Zurückhaltung, ungeniert und in vollen Zügen genoss.

Dr. Großhans wusste, bei uns war jede Pause identisch mit einem Imbiss und jeder Imbiss willkommen. All jene alternden, führungsbefugten Herren, die sich mühevoll, tapfer, wenn auch erfolglos, gegen die Müdigkeit wehrten, erwachten, sobald die Pause verkündet wurde, aus Apathie und Verdruss, befingerten ihre Bäuche, räusperten sich und blickten erwartungsfroh auf die Türe zu unserem Konferenzsaal. Es war grotesk aber auch symptomatisch für ein Unternehmen, in dem sich die dreiköpfige Firmenleitung bei Besuch eines Staatssekretärs aus dem Ausland schon nach dem Mittagessen verabschiedete und unser Hausmeister, weil er der Landessprache des Besuchers mächtig war, diesen – eher aus Mitgefühl denn Interesse – einlud, bei sich zu Hause, gemeinsam mit seiner Familie, den Abend zu verbringen. Der Staatssekretär nahm die Einladung dankbar an, denn die weißrussische Gastfreundschaft ist berühmt und das gewiss nicht allein wegen des exklusiven Tees.

Dr. Großhans wusste längst, wo und mit welchen Menschen er seine Zeit verbrachte, genau wie er wusste, welche absurde Höhe seine Tantiemen besaßen. Es schien ihn von Zeit zu Zeit zu stören, da in ihm, für Unternehmensberater eine Rarität, noch ein Gewissen wachte, das ihn anwies, seriöse Arbeit zu leisten. Gewissensanwandlungen bei der Arbeitserbringung werden jedoch umso absurder, je mehr die Auftraggeber selbst glauben, es sei, sofern niemand davon erfährt, seriös, sich selbst kleine oder auch größere Gefälligkeiten zu gewähren. Appetitprogrammierte ältere Herren, die gerne auf Konferenzen sind, weil sie für jeden Tag in der Fremde Spesen in Rechnung stellen können, sind nicht wirklich dafür bekannt, große Tatkraft, geschweige denn Skrupel zu entwickeln, bei Konferenzen nicht und auch sonst nicht.

Dr. Großhans, mit dem ich mich in den Pausen gerne ein wenig unterhielt, ließ mich wiederholt wissen, wie sehr er sich über ein Treffen abseits der Arbeit freuen würde, und so vereinbarten wir schließlich ein gemeinsames Abendessen.

Es war ein herbstlicher, nasskalter Novemberabend, als ich schließlich Dr. Großhans in einem gediegenen, holzgetäfelten Weinlokal meiner Heimatstadt gegenübersaß. Das Gasthaus wird seit Generationen von einer Familie betrieben, die exquisit zu kochen versteht und auch guten Wein kredenzt und das ohne viel Aufhebens davon zu machen. In diesem Wirtshaus werden die Gäste nicht genötigt, mit Connaisseur-Gesichtern schnaubend und gurgelnd Weine zu verkosten, die, in überdimensionierten Ballon-Gläsern geschwenkt, erst binnen der nächsten zehn Jahre ihren ganzen Charakter entwickeln werden. Nichts deprimiert mich mehr, als der stete Hinweis darauf, dass der Wein, den ich trinke, noch Dekaden der Reifung vertragen könnte, zumal ich weiß, diese Kommentare werden meist Weinen zuteil, deren Durchschnittlichkeit ihrem Preis eher Schande bereitet. Bezeichnenderweise verzichtete Dr. Großhans darauf, Wein zu bestellen, vielmehr trank er mit großem Genuss Bier um Bier, ohne deswegen das Missfallen des Wirts zu erregen, der es nicht als Sakrileg begreift, in seiner Weinstube Bier zu bestellen. Es gilt ihm gleichviel, was seine Gäste bestellen, solange es ihnen schmeckt.

Das Lokal zählt zu den schönsten Anachronismen meiner Geburtsstadt, da es nicht dem widerspricht, was es scheint, sondern weit mehr ist, als sein Anschein verspricht. Jedes seiner kulinarischen Versprechen wird zumindest erfüllt, wenn nicht gar überboten.

Dr. Großhans genoss die Umgebung. Sein sonst apoplektisch gerötetes Gesicht verlor sein fleckiges Aussehen, wich einem zarten Rosé und ging auf in einem pausbäckigen Lächeln. „Wissen Sie, lieber Herr Tag, wie lange ich nicht mehr an einem Tisch wie diesem saß?" Großhans strich mit sanfter Geste über die karmesinrot gebeizte Tischplatte, die aus drei massiven Eichenbohlen gefertigt war und bereits seit über zweihundert Jahren die Speisen und Getränke zahlreicher Gäste getragen hatte. Seine Frage war rein rhetorisch und so wartete ich, bis Großhans sich selbst seine Antwort gab. „Ich kann mich wirklich nicht erinnern", murmelte er schließlich tonlos, nahm seine Brille ab, steckte sie mit müden, stochernden Bewegungen in die Außentasche seines Anzugsakkos, blickte mich kurz an, rieb sich energisch seine Stirn, mit beiden Händen, lange, hingebungsvoll und offensichtlich ohne Interesse dafür, welchen Eindruck das bei den anderen Gästen erwecken mochte. Schließlich seufzte er tief, wie es Hunde tun, die nach einem langen, bewegungsreichen Tag endlich zur Ruhe kommen und dem nahen Schlaf mit Wollust entgegenfiebern. „Sie sehen müde aus, lieber Herr Großhans, und auch etwas abgespannt", signalisierte ich Großhans Verständnis. „Vielleicht möchten Sie lieber gleich in Ihr Hotel zurück?", schenkte ich ihm eine Freikarte, um schnell zu Bett zu kommen. Dr. Großhans war augenblicklich wieder ganz präsent und sagte, ernsthaft betroffen: „Um Gottes willen nein. Ich genieße es sehr, mit Ihnen hier zu sitzen und keine Plattitüden zu hören" – und zu sagen, fügte ich in Gedanken hinzu. Als habe er meine Gedanken erraten, begann Großhans zu lachen, lauthals, hektisch und unbeherrscht, bis ihm Tränen in die Augen traten und er, in ein krampfhaftes Husten verfallend, sich wieder zu fassen begann. „Sie haben vollkommen recht, mein Lieber, ich rede zu viel – viel zu viel", sagte er, offensichtlich beschämt, ganz so, als hätte ich tatsächlich etwas gesagt. Nach einer kurzen Pause fuhr er, nachdenklich geworden, mit gedämpfter Stimme fort: „Ich habe es fast verlernt, Interesse für Situationen oder Menschen zu entwickeln. Nun", er räusperte sich verlegen, „ich kann nicht gegen mein Naturell." „Ihr Naturell?", fragte ich höflich-erstaunt. „Mein Naturell ist laut und cholerisch", stellte Großhans sachlich fest. „Insbesondere meine Cholerik macht mir sehr zu schaffen." Es wunderte mich nicht wirklich, von ihm zu hören, er sei cholerisch. Menschen, die sich zwanghaft mitteilen müssen, sind selten ausgeglichen und unter ihrer

Jovialität und Freundlichkeit hausen oft Dämonen, die nur mit Mühe und Not bezähmt werden können.

Dr. Großhans mochte in frühen Jahren zu jenen Jungen gezählt haben, die nie zur Ruhe kommen und die mit ADHS eine Normierungs-Diagnose erhalten, die sich seit Jahrzehnten großer Beliebtheit erfreut. Wir sind mittlerweile umzingelt von ADHS-geplagten Jungen, die das Dilemma verkörpern, in einer politisch korrekten Welt biologisch vorgegebenen Entwicklungsepisoden ausgeliefert zu sein, ohne dass jemand akzeptieren würde, dass es ihnen unmöglich ist, archaische Gesetzmäßigkeiten zu umgehen.

Zu allem Unglück haben sich viele Mütter und Väter darauf verständigt, ihre Jungen dafür zu bestrafen, keine Mädchen zu sein. „Du sollst lieb sein", höre ich oft Mütter mit zornigen Gesichtern ihre verstockten Buben ermahnen, die, eingezwängt in die Wohlanständigkeit ihrer spät zu Müttern gewordenen Mütter, nicht akzeptieren wollen, dass immer und überall Verbote herrschen. Ihre alten Eltern sind 1980er-Jahre sozialisiert und damit egozentrisch, gefühlskalt und arrogant. Im Umgang mit Kindern, die keinen anthroposophischen Bildungsschablonen gehorchen, sind sie oft ungehalten, gereizt, manchmal auch schroff und gnadenlos, denn ein Kind, das sich kindlich benimmt, überfordert die überforderten Eltern. Es provoziert fortwährend Enttäuschung und steht für Unglück und Frustration der ganzen Familie.

Dr. Großhans hat sich offensichtlich bis heute nicht davon erholt, was seine Mutter von ihm wollte. In jungen Jahren emotional an seiner Mama gescheitert, hat sich sein Gefühl und Handeln von seinem Wollen emanzipiert und so hetzt er nun durch die Welt, unternehmensberatend, äußerlich freundlich, charmant und verständnisvoll, innerlich jedoch ständig gefoltert von Cholerik- und Wutattacken, die ihn zuhause, scheinbar wider Willen, in einen Berserker verwandeln, der Frau und Kind mit Tobsuchtsanfällen verstört. Impulskontrollverlust ist wohl der aktuell gebräuchliche Begriff, um Männern wie Großhans ein

Etikett zu geben, das nicht gar zu stigmatisierend klingt. Meine Phantasie reichte weit genug, um mir vorzustellen, wie das dicke, weiche, fast kindliche Gesicht von Dr. Großhans in einer Maske aus Hass erstarrte, die er seiner Mutter nie zeigen durfte, weil er nichts mehr ersehnte als ihre Liebe. Ein weiterer bipolarer Soldat im Heer der Ödipalen, dachte ich mir, dem es nie vergönnt sein wird, mit einer Frau anders umzugehen als wut- und zornentbrannt oder servil.

Dr. Großhans hatte erst begonnen mit seinen Bekenntnissen. Ich wusste, es gab keinen Grund, etwas zu sagen, ihn zu animieren oder gar mit Fragen zu behelligen, er würde alles ungefragt, von sich aus, ehrlich erzählen. Dr. Großhans, der jetzt mit Messer und Gabel ein großes, saftiges Rumpsteak kraftvoll beharkte, seine Blicke konzentriert auf das harmlose Stück Fleisch geheftet, lachte kurz meckernd auf, augenscheinlich verlegen über seine Unfähigkeit, den Mund zu halten. Gleichgültig dafür, dass er sich vor mir, einem fast Fremden, kompromittieren könnte, begann Großhans seinen unschönen Report. Hastig und ohne zu unterbrechen, berichtete er davon, welche Qualen er in seinem familiären Leben erduldete und mehr noch jenen verursachte, die er liebte: „Meine Frau und ich leben in Brandenburg, etwa 40 Kilometer vor Berlin, in einem Bauerndörfchen. Eine totale Idylle." Er sprach, es mochte seiner Herkunft geschuldet sein, wie der „Führer", von einer „totalen Idylle", die ihm, allem Anschein nach, nicht gut bekam. „Von Beginn an habe ich dieses Dorf gehasst", Großhans gönnte sich einen großen Schluck Bier, wischte sich ungeniert mit dem Handrücken über Mund und Kinn, und fuhr fort. „Waren Sie schon einmal in dieser Region?" Großhans neigte dazu, rhetorische Fragen zu stellen. Einmal mehr kam ich nicht dazu, ihm zu antworten, einmal mehr wusste ich, Großhans erwartete keine Antwort. Es würde absolut sinnlos sein, in der nächsten halben Stunde ein Gespräch zu suchen, und so lehnte ich mich zurück und ließ meine Blicke auf seinem großen, fleischigen Mund ruhen, der nun lange Zeit nicht zur Ruhe kommen würde.

In einem Film, möglicherweise von Buñuel, hatte ich einen Vogel gesehen, der immer wieder gegen die Gitterstäbe eines unsichtbaren Käfigs flog, und genau diesen Eindruck gewann ich auch bei Dr. Großhans, der nun seinen Teller mit den Resten des hastig verzehrten Steaks unwirsch zur Seite schob, ehe er fortfuhr, zwanghaft sein seelisches Sputum auszukotzen: „Sie haben keine rechte Vorstellung, wie es auf dem Land bei uns aussieht. Wohlanständigkeit, überall, die Leute sind wohlanständig", sein verächtliches Schnaufen ließ ahnen, was er von wohlanständigen Menschen halten mochte. „Ich weiß wirklich nicht mehr, wer von uns beiden, meine Frau oder ich, als erster den Gedanken hatte, die Stadt zu verlassen. In jedem Fall war es nach der Geburt unserer Tochter vor fünf Jahren, dass wir alles Städtische hinter uns ließen und unser gesamtes Kapital", Großhans seufzte, „also 700.000 Euro, in ein Haus mit großem Garten und altem Baumbestand investierten. Seitdem zahle ich nur noch für dieses Haus." Dr. Großhans hatte, als er auf die Finanzierung des Anwesens zu sprechen kam, unvermittelt die Person gewechselt. Er sprach nicht länger von wir und uns, sondern nur mehr von sich, als dem Finanzier des Familiendomizils.

Viele Männer neigen dazu, ihre Frauen, sobald es um Geld und Investitionen geht, nicht zu erwähnen. „Das Haus hat es in sich", gab er resigniert, fast schicksalsergeben, zu Protokoll. „Ist das Dach repariert, wartet der Keller, ist der Keller instand gesetzt, sind die Fenster dran. Ich zahle und zahle und es findet kein Ende." Großhans blickte kurz auf, fixierte mich fragend und heuchelte Besorgnis: „Ich langweile Sie, nicht wahr? Sie müssen sagen, wenn ich Sie langweile?" Ich schüttelte den Kopf und ermunterte ihn, weiter zu erzählen. Wie nicht anders zu erwarten, kam er meiner Bitte gerne nach und begann von neuem: „Ich bin 46 Jahre, verdiene jeden Monat über 10.000 Euro netto und habe dennoch nie Geld. Das Haus frisst mich auf, meine Arbeit frisst mich auf und meine Frau hasst mich. Sie hasst mich sehr. Sie hasst mich mit erschreckender Intensität und meine Tochter weint, sobald ich ihr nahekomme. Wissen Sie warum? Nein", er gab sich abermals kopfschüttelnd die Antwort selbst, „Sie können es nicht wissen. Die Kleine hat Angst, große Angst sogar, denn sie hat mich in einem Zustand gesehen, in dem uns niemand sehen sollte." Dr. Großhans atmete schwer. „Was ich nicht ertrage", bekannte Großhans, langsam und konzentriert, fast genussvoll, als wolle er sich selbst ein Geschenk machen mit seiner Mitteilung, „sind elektronische Geräte, die nicht funktionieren. Wenn mein Computer versagt, das WLAN streikt oder, wie unlängst, mein Scanner seinen Dienst quittiert, kann ich mich nicht beruhigen. Dann raste ich aus. Ich raste aus, verstehen Sie?" Dr. Großhans wurde lauter als mir lieb war, und so legte ich ihm meine Hand besänftigend auf den Arm. Ungehalten schüttelte Großhans meine Hand ab, straffte die Schultern, und sagte, als spräche er vor Gericht: „Ich habe alle elektronische Geräte in unserem Haus zertrümmert. Mit bloßen Händen, vor den Augen meiner Tochter. Verstehen Sie?" Großhans fixierte mich verständnisheischend. „Verstehen Sie", wiederholte er mit zittriger Stimme, „vor den Augen meiner Tochter." Dr. Großhans schien selbst fassungslos zu sein. „Ich bin durch das ganze Haus gegangen und habe von oben bis unten jedes elektronische Gerät in Stücke geschlagen und das", er wiederholte sich, „vor den Augen meiner fünfjährigen Tochter. Meine Frau", bekannte Dr. Großhans etwas reserviert, „wollte mich aufhalten, doch sie hat den Fehler begangen, mir in den Arm zu fallen", hier stockte Großhans, die Erinnerung belastete ihn sichtlich, „und das konnte ich nicht akzeptieren." Dr. Großhans begann überraschend, laut und herzlich zu lachen. Sein kindliches Gesicht gewann an Farbe. Fast rosig geworden strahlte es mich an und es fiel mir schwer zu glauben, er könne tatsächlich zum Berserker werden. Doch Menschen sind, bisweilen, bösartige Säugetiere, die ungeheuer brutal agieren. Die Bestie – das ungezügelte Tier – in uns hat seit der Neolithischen Revolution nur vermeintlich Frieden gefunden auf den Feldern täglicher Fron um Brot, Einfluss und Macht.

Oft genügt ein kleiner Impuls und Wut und Zerstörung vernichten den sorgsam gepflegten Firnis der Zivilisation. Dann betritt die nackte Bestie die Arena familiären Lebens. Kinder und Frauen werden mit rüden Schlägen wieder auf den Status von Sklaven degradiert und niemand greift ein. „Ich wollte niemanden schlagen", beteuerte Dr. Großhans, „doch ich konnte nicht anders. Der Hass auf alles", Großhans stockte, „auf alles, das nicht funktioniert, war einfach zu groß." In solchen Augenblicken erwarten Männer, Verständnis zu finden bei anderen Männern, doch ich hatte keines. Schweigend blickte ich in sein verfettetes Kindergesicht und wünschte ihm nichts mehr als einen strengen Richter. „Nun, Sie hatten Ihre Gründe", rang ich mir schließlich wenige Worte ab, da ich wusste, dass dieser Abend erst enden würde, wenn Großhans ein Ende fände. „Ich ging dann in Therapie", bekannte Großhans, „und ich kann sagen mit Erfolg."

Mit Erfolg, dachte ich, hast du nur gelernt, dich von deinen Verfehlungen reinzuwaschen. „Sie haben es doch selbst gesagt, lieber Herr Tag. Unser evolutionäres Erbe lässt sich nur überwinden, wenn wir es akzeptieren und dennoch nach Vollkommenheit streben." Großhans wirkte glücklich, dass er mich, wenn auch falsch, zitieren konnte. Was ich ihm tatsächlich zu Beginn unseres Treffens versucht hatte zu erklären, war nur, dass wir alle uns zeitweise davon befreien konnten, in kollektiven Bezugsfeldern zu leben. Was ich Dr. Großhans vermitteln wollte war, dass wir alle legitimiert sind, eigene Sehnsüchte zu entwickeln und das ohne schlechtes Gewissen, sollten wir dabei unproduktiv erscheinen. Denn, so hatte ich insistiert: „Produktivität bedeutet gar nichts. Seelenlos und uninspiriert ist sie wertlos oder sogar zerstörerisch." Dieses Detail schien Großhans jedoch überhört zu haben, dieses Detail und noch viele weitere Details, die ihn nicht darin bestätigen wollten, auch als brutaler Zerstörer von Frauen- und Kinderseelen ein guter Mann zu sein. Gute Männer sind selten und je älter Männer werden, desto größer ist die Wahrscheinlichkeit, dass sie unerträglich werden, für sich und mehr noch für jene Menschen, die ihnen anvertraut wurden. Dr. Großhans würde noch manche Therapiesitzung besuchen und dennoch an seinem Verhalten festhalten. Es würde für ihn ungleich einfacher sein, einem unbeteiligten Therapeuten Geld zu zahlen, als seine Tochter vor einem prügelnden Vater zu bewahren.

Dr. Großhans, den, wie mich auch, am nächsten Tag eine weitere Konferenz jenseits des Lustprinzips erwartete, ließ sich endlich, ermüdet von seinen Bekenntnissen, die Rechnung bringen und zahlte, ohne dass ich widersprochen hätte, für uns beide.

Die fast vierstündige Therapiesitzung kostete ihn ein Tellerschnitzel, zwei Flaschen Wasser und ein kleines Bier, was günstig erscheint, da Dr. Großhans, seit langem wieder einmal entschlackt von seelischer Qual und familiärem Kummer, ruhigen Herzens zu Bett gehen durfte.

Ich aber fühlte mich angeekelt, beschmutzt und missbraucht und schwor mir, nie wieder für lächerliche Tantiemen alternden Männern zu helfen, sich selbst Absolution zu erteilen. Unwillkürlich dachte ich an Altkanzler Schmidt, der über Jahrzehnte dafür gefeiert wurde, alt, ignorant und zynisch zu sein. Es ist, auch wenn anderes gerne von namhaften Laudatoren behauptet wird, kein Verdienst, fast 100 Jahre zu werden. Hätte Helmut Schmidt etwas jünger in Walhalla Einzug gehalten, so wäre uns manches erspart geblieben.

Seine philosophischen Reflexionen zu Krieg, Nachkriegszeit, Pflicht und Verpflichtung wurden mit zunehmendem Alter immer unerträglicher. Giovanni di Lorenzos sakrale Verehrung eines mittelmäßigen Staatsmanns in der „Zeit" und die zahllosen, öffentlichen Ehrungen, welche Schmidt bundesweit sammelte, waren für jeden jungen Menschen ein Affront, der nicht bereit war, seine Gefühle auf das Niveau eines freudlosen Hanseaten zu reduzieren.

Der Zufall wollte es, dass Helmut Schmidt – und mit ihm zahllose weitere Opportunisten aus heroischer Zeit – überlebten. Frei von gar zu lästigem Skrupel gelang es ihnen, das Land wieder von den Alliierten zu übernehmen. Ohne sich über Gebühr mit den Kriegsverheerungen aufzuhalten, bastelten sie schnell an neuen – an ihren – Heldenlegenden. Diese Männer, so zumindest machen uns heute die Alten glauben, hoben das zerstörte Land in neue, ungeahnte Höhen, derweil sie unsere Eltern mit eiserner Hand regierten.

Das wahre Erbe dieser Männer ist jedoch die Tradierung von Menschenverachtung und Rechthaberei. Sie haben brutalen Männern wie Dr. Großhans Legitimationstechniken hinterlassen, die es ihnen erlauben, sich problemlos von aller Schuld freizusprechen. Diese traurige Tatsache folgt dem zynischen Plan unserer Zeit, alles als fremdbestimmt zu definieren, das uns in Verlegenheit setzen und als Egomanen bloßstellen könnte.

Indem wir keine Verantwortung übernehmen für den Sündenfall in Syrien, in Palästina, im Libanon, im Iran und in so vielen anderen Ländern dieser Welt, die wir zu unserem Vorteil Jahrhunderte bluten ließen, wird unsere Perversion täglich wachsen. In nicht gar zu ferner Zukunft werden wir sein, was wir stets leugnen, doch schon heute, im Kreise unserer Ursprungsfamilien, vielfach sind: Inhumane Wesen, die ihre Laster jenen zur Last legen, die ihre Opfer sind.

Die ordnungsgemäße, wieder und wieder gefeierte Familie, in all ihren schillernden Möglichkeiten und Facetten, ist gewiss eine der schlimmsten Organisationsformen seit Gründung der Weltkirchen von Islam und Christentum. Das zu wissen, ist bitter, es zu ändern eine Lust, eine unendlich große Lust sogar.

7. Der Generaldirektor *oder* Alte Männer riechen streng

Unser Generaldirektor, vor kurzem fünfzig geworden, ist ein gedrungener, kahlköpfiger Mann aus Hessen, mit imposantem Bauch gesegnet und stolz auf seine Zeugungskraft. Aus erster Ehe hat er drei mittlerweile fast volljährige Söhne und auch seine zweite Ehe, die er vor wenigen Jahren mit seiner vormaligen, erst dreißigjährigen Haushälterin, einer rechtschaffenen, biederen Frau mit katholischem Stallgeruch, eingegangen ist, blieb nicht kinderlos. Seine neue Frau hat ihm, zu seinem heimlichen Kummer, noch weitere Söhne geschenkt: Geltungsbedürftige, launische Zwillinge, die schon jetzt erkennen lassen, wie ähnlich sie ihrem Vater sind. Viel lieber wäre ihm eine Tochter gewesen, und sei es auch nur, um sich in einem soliden Elektrakomplex zu verewigen.

Gerne schwadroniert er von seinen Jugend- und Studienjahren, die fast mythische Züge tragen. Angeblich war er Mitglied der deutschen Equipe, die an den Winterspielen in Calgary teilgenommen hat: „Ich bin sehr sportlich und war schon immer ein guter Athlet", verkündet er häufig und zitiert seine Erfolge: „Ich war einer von den Harten. Durchtrainiert, ein exzellenter Langläufer und konkurrenzlos schnell." Aus der Distanz betrachtet könnte es amüsant sein, seinen Heldenepen zu lauschen, läge nicht in all seinen Übertreibungen auch ein bedrohlicher Dogmatismus, der keine Selbstironie kennt. Ein Phänomen, das sich oft beobachten lässt bei fünfzigjährigen Greisen mit postpubertären Verhaltensweisen.

Als Zwanzigjähriger ging er freiwillig nach Kuba, um zu studieren, wurde lautstarker Parteigänger des Comandante, unterstützte den Klassenkampf und befand sich in permanenter Opposition gegen Gott, die Welt und den Kapitalismus. Dreißig Jahre später besinnt er sich seiner katholischen Sozialisation, ist, wie in Kindertagen, „praktizierender Katholik" und getreuer Bannerträger des Papstes. Mit kaum kaschierter Hingabe liest er die Enzykliken des Heiligen Vaters und hat als Einziger bislang einen logischen Gottesbeweis gefunden, den er jedoch nicht preisgeben möchte. Woran der Heilige Augustinus, woran Thomas von Aquin und selbst der fantasie- und sprachbegabte Paulus gescheitert sind, ist ihm gelungen. Er kennt den Beweis, er weiß, wie Gott sich finden lässt, inner- und außerhalb unserer Galaxis und auch, daran erlaubt er keinen Zweifel, inner- und außerhalb unseres Bewusstseins.

Ich selbst wurde katholisch erzogen und kenne das pejorative Prinzip des Christentums. Andere Meinungen werden gerne als Häresien verurteilt, wenn auch ohne den Häretiker selbst zu bestrafen. Die Hände der Heiligen Mutter Kirche werden, wie jene des Pontius Pilatus, immer in Unschuld gewaschen. Rein sind die Hände der römischen Kirchenfürsten, die Urteile treffen, doch niemals vollstrecken. Es zählt fraglos zu den schönsten Volten christlicher Ethik, dass es den Inquisitoren vorbehalten war, Ketzern die Absolution zu erteilen, ehe sie, nur einen Atemzug später, die armen Seelen der weltlichen Gerichtsbarkeit übergaben, zur endgültigen Läuterung ihrer Verfehlungen. Den staatlich besoldeten Henkern blieb dann die traurige Pflicht, sie zu foltern und schließlich zu verbrennen.

Nie hat sich ein Inquisitor die Hände beschmutzt, nie hat ein Inquisitor der Katholischen Majestäten Spaniens die Marranen, zum Christentum konvertierte Mauren und Juden, auf das Schafott befördert. Die Inquisitoren übten Milde und das meist formvollendet. Es bedarf keiner großen Mühe, aus einem progressiven Kommunisten einen reaktionären Katholiken zu machen. Diese Metamorphose ist leicht vollzogen. Nur die Nomenklaturen ändern sich, nicht die Gesinnung.

Unser von Gott geküsster Generaldirektor liebt es, uns zu belehren. Sind junge, gut aussehende Frauen zugegen, ist seine Didaktik sprichwörtlich geschlechtsfixiert. Er spricht, ganz ungeniert und vergnügt, über Penisgrößen, Regelblutungen, die Korrelation von Haarfarbe, Geschlecht und Intelligenz: „Helles Haar ist gut zu finden, auch bei Nacht, oben und unten, nicht wahr, Frau Schwaig?", versuchte er unlängst mit einer Kollegin anzubändeln, die seinem Beuteschema entspricht, doch keine Antworten gibt, die ihm Freude bereiten. Das Mädchen ist nicht devot und damit in seinen Augen arrogant und prüde. Seine kleinen, verschleierten Augen, die über einer rot geäderten Schweinsnase unablässig zwischen den Anwesenden pendeln, ruhelos wie die ewig mäandernden Leuchtdioden im Gesichtsfeld der Galactica-Zylonen, sind immer auf der Suche nach einem geeigneten Abnehmer für seine Scherze und Anzüglichkeiten.

Oft riecht er unfrisch. Er transpiriert nahezu immer die am Vorabend genossenen Speisen und Alkoholika und sein Atem hat den fauligen Beiklang alten Knoblauchs. Zu Mittag vertilgt er meist unbekömmliche Speisen. Geräuschvoll schmatzend konsumiert er seinen Imbiss, ohne zu merken, welches Bild er bietet. Er liebt es, Mitarbeiter zwischen 12 und 13 Uhr in sein Büro zu zitieren, um ihnen dort, ohne Möglichkeit zur Flucht, mit vollem Mund beschämende Zoten zu erzählen. Je ordinärer die Pointe, desto größer sein Gelächter.

Wenn er zu eruptivem Lachen ansetzt, gerät sein fetter Körper in eine heftige Pendelbewegung. Mit ausufernden Gesten heischt er um Beifall und das unschöne, schrille Gelächter seiner zwangsrekrutierten Mitarbeiter ist so verkrampft wie trostlos, denn es erinnert daran, dass die Hierarchien des Alltags nur dazu dienen, der Hässlichkeit ein unbegrenztes Forum zu schenken. Es ist beschämend zu sehen, wie Mitarbeiter sich vor ihren Vorgesetzten demütigen und jede Reaktion vermeiden, die als Widerspruch gewertet werden könnte. Eingezäunt in affirmatives Verhalten und öde Rituale, die sich ewig wiederholen, verlieren sich die meisten Angestellten in einem Kreislauf wiederholter Erniedrigungen. Die meisten ersehnen nur ihren Feierabend, der alles verändern soll, doch nicht wird.

Welcher Mensch könnte nach acht Stunden der Unterdrückung und eines mühsam bewältigten Arbeitspensums zu einer vorbestimmten Uhrzeit den Wandel erzwingen, sich frei zu fühlen?

Unser Generaldirektor ist nicht dumm, doch ohne jede Erziehung und Sklave seines Sexual- und ungezügelten Geltungstriebs, der ihn darin bestätigt, ein Herr unter Sklaven zu sein. Ich widerspreche ihm längst nicht mehr, weil mich seine Aussagen stören, ich widerspreche ihm immer und grundsätzlich, um mich davor zu schützen, ihm nach dem Munde zu reden und damit sein Wohlwollen zu erhalten.

Mein Lieblingskollege, ein unscheinbarer, höflicher Herr mit freundlichem Naturell, Ende fünfzig und physisch wie seelisch schwer belastet, meinte unlängst, er wolle alles, nur keinen Streit. Streit sei ihm unerträglich. So bleibt er, obwohl beständig angewidert von den vulgären Scherzen seines Chefs, an dessen Mittagstisch sitzen, müde, ausgezehrt und stumm, wie ein waidwundes Tier auf nächtlicher Straße. Paralysiert von den hellen Scheinwerfern des nahenden Autos unternimmt er nichts, sich zu retten.

Es ist ein hartes Los, das die meisten Berufstätigen in späteren Jahren ereilt. Jugend und Freiheit sind verblasste Abbilder einer fernen, fremden Existenz. Der Mut ist gebrochen, die Ambitionen sind enttäuscht, die Hoffnungen auf den langen Förderbändern kaum unterscheidbarer Berufsjahre zu einem letzten Ausfluss trauriger Selbstaufgabe geronnen.

Einsamkeit ist immer dort, wo die Worte schal werden und unsere Tage in den grauen Kolonnen beliebiger Plattitüden verschwinden. Viele sind nur mehr fahle Meldegänger ihrer erloschenen Sehnsucht. Viele vergiften sich selbst mit ihren modrig gewordenen Wünschen, Einfluss und Macht zu gewinnen, und sei es auch nur die Macht, einen Postschalter schließen zu können, vor dem noch zahlreiche Menschen warten.

Nie bin ich verzweifelter, als in den Stunden, da ich dort Geld verdiene, wo niemand mehr aufrecht steht. Am Altar der Arbeit, in den Gottesdiensten calvinistischer Unlust, knien Millionen werktätige Menschen vor den selbsterwählten Henkern ihrer endlichen Lebenszeit und singen dazu die Psalmen von Hoffnung und Scham. Zwischen diesen Polen pendelt ihr letztes Begehren, an allem Anteil zu nehmen und doch nicht wie alle zu sein.

Unser Generaldirektor lehrte mich schnell, was es bedeutet, fünfzig Jahre, Christ und die hämische Fratze der Evolution zu sein. Meine Kollegen, in gleichem Alter, lehrten mich schnell, was es bedeutet, selbst mut-, ziel- und perspektivlos noch dankbar zu sein.

Das gequälte Lächeln meiner Generation konserviert eine Not, die verzichtbar gewesen wäre. Mich wundert vieles an meiner Generation. Was mich jedoch am meisten verwundert, ist ihre perverse Lust, in hässlichen Wüsten zu hausen, obgleich nur wenige Schritte davon entfernt eine Oase lockt, groß genug für uns alle, glückverheißend und schön.

8. Die eigenen Kinder *oder* Hohelied der Inklusion

Thomas, einer unserer Nachbarn, hat sechs Kinder. Jedes von ihnen ist das Resultat einer künstlichen Befruchtung.

„In-vitro-Fertilisation schien uns die einzige Alternative. Marianne wollte viele eigene Kinder." Thomas betont das „eigen" immer auf eine Weise, dass es mich fröstelt. So viele beharren auf Eigenheit, so wenige begreifen, dass die Evolution kein Gedächtnis besitzt, für Milliarden Singularitäten, die, eben weil sie nur in Myriaden zu denken sind, nicht den Anspruch erheben sollten, einzigartig zu sein.

Das Problem der ersehnten Einzigartigkeit und Eigenheit scheint heute weit mehr verbreitet, als es die Adornosche Problematik der Eigentlichkeit je gewesen ist und das, obgleich beide Probleme der gleichen Sehnsucht entwachsen sind: einzigartig zu sein, vor dem Leben und nach dem Tode.

Wollte ich behaupten, Thomas wäre mir unangenehm, würde ich lügen. Dennoch halte ich mich eher bedeckt bei ihm, einem überzeugten Christen, der seinen Gott zwar nicht immer im Mund führt, doch mit naiver Beharrlichkeit einen Schöpfer voraussetzt, als müsse ein ‚a priori' bei Göttern immer gelten. Dagegen sprechen zumindest die persischen, ägyptischen, aber auch griechisch-römischen Mythen, in welchen fortwährend machtlüsterne Söhne, nahezu gottgleiche Helden mit zweifelhafter Moral, ihre nicht minder zweifelhaften Erzeuger entthronen, meucheln oder, wie es bei den Germanen beliebter Usus ist, in wüsten Blut- und Schwertritualen blenden, zerstückeln und erbarmungslos niedermetzeln.

Väter, Mütter, Geschlechter und Dynastien werden zu ewiger Dunkelheit und Verzweiflung verdammt, wenn auch nur unter Vorbehalt. Selbst die Tantaliden, die ihr familiäres Elend der Gier und Perversion ihres Ahnherrn Tantalos verdanken – wer nascht schon von Nektar und Ambrosia, nur um freundlich gesonnenen Göttern den eigenen Sohn, gebraten und filetiert, als nächtliche Speise bei einem Festmahl vorzusetzen? –, finden schließlich, in fünfter Generation, Erlösung im Biss jener Schlange, die Orestes das Leben nimmt. Niemand kann tatsächlich ermessen, was „ewig" bedeutet, wo Zeit endet und wo sie beginnt vor den Augen einer schweigsamen Kraft, die, schenkt man den stolzen Worten des Stagiriten Glauben, „als unbewegter Beweger" den ganzen Kosmos erfüllt, beherrscht und durchwest.

Blicken wir in den nachtgrauen Himmel und denken das undenkbare Nichts, erhalten wir in luziden Momenten eine vage Vorstellung davon, was es bedeutet, in der diachronen Reihe zahlloser Generationen zu stehen und dennoch zu wissen, dass Zeit weniger Frist als vielmehr eine Konstante ist, die keine Grenze kennt, ausgenommen jener, die wir ihr selbst setzen. Das Zeitempfinden meines Nachbarn aber ist so diffus wie die Spekulationen Darwins „Über den Ursprung der Arten" präzise sind. Dennoch reklamiert er für sich vor-zeitige und vor-gültige Werte und Bestimmungen. Prädeterminationen, die einer höheren Macht – die seinem Gott – entwachsen sind, stehen für ihn außer Frage.

Trotz seiner religiösen Anmaßung habe ich für Thomas etwas Sympathie. Nicht viel, etwas eben, weil er in lichten Augen-Blicken ahnt, in welchen Chimären er lebt. Diese lichten Augen-Blicke verlieren sich jedoch, sobald er von seinen Kindern spricht. „Marianne wollte unbedingt Kinder. Ich hingegen war eher unentschlossen." Die betonte Indifferenz meines Nachbarn Thomas bedrängt mich fast mehr als seine trainierten Verzweiflungsgesten. Thomas lächelt nie. Ihm ist viel daran gelegen, unnahbar zu erscheinen. Obwohl Thomas auf alles sensibel reagiert, mimt er gerne den Stoiker.

Seine Physiognomie ist weich, wächsern und verwaschen. Er besitzt keine markanten Züge, nur eine verzögerte Anlage zu Adipositas. Der Verdacht, es könnte hinter der bemühten Gleichmut meines Nachbarn wilde Verzweiflung hausen, kommt nicht von ungefähr.

Seine hässliche, boshafte Frau, die er über ein Inserat kennengelernt hat, verweigert ihm seit der Geburt des letzten, des sechsten Kindes jeden weiteren Zugriff auf ihren Körper. Da sie aufgehört haben, über anderes als die Notwendigkeiten des Alltags zu sprechen, korrespondieren sie zu Fragen ihres Intimlebens via E-Mail, wobei er es ist, der korrespondiert, da sie ihm nie eine Antwort zukommen lässt.

Bereits vor langer Zeit habe ich ein Sensorium dafür entwickelt, was Männer mittleren Alters dazu veranlasst, sich mit einem Dasein als Galeerensklave zu arrangieren. Was ich jedoch bis heute nicht verstehe ist, warum so viele Männer – unfreiwillig tonsurierte, fettleibige Endvierziger und Anfangfünfziger mit jugendlichen Anwandlungen – alles erzählen müssen, was sie bewegt, ganz gleich, wie intim es auch sein mag. Es kommt mir oft vor, als verspürten sie eine abnorme Lust, ihr Versagen festlich zu dekorieren oder, im schlimmsten Fall, mit Gott zu verbinden.

Thomas überraschte mich demnach nicht wirklich, als er seinen Spermien göttliche Qualitäten bescheinigte. „Heute denke ich, wenn Spermien eingefroren sind, sollte auch von ihnen Gebrauch gemacht werden, schließlich", so Thomas' Conclusio, „ist Gott selbst im Kleinsten enthalten."

Ob Gott ein Genom besitzt, vermag ich nicht zu sagen, ob er sich in Aminosäuren vollendet, entzieht sich meiner Kenntnis. Eines jedoch ist gewiss: Selbst die kleinste Irritation bei der Zellteilung führt zu traurigen Ent- und Verwicklungen.

Nicht grundlos beharren die Talmudlehrer darauf, dass der Name Gottes niemals falsch geschrieben werden dürfe und jeder Buchstabe der Tora exakt dort zu stehen habe, wo er zu stehen hat, seit Moses ihn, inspiriert von der Stimme seines eigensinnigen Gottes, niederschrieb. Noch heute sprechen die mit dem Schreiben der 5 Bücher der Tora betrauten Rabbiner jeden Satz, bevor er auf Pergament geschrieben wird. Fehler können und dürfen nicht korrigiert werden. Wenn das

Unaussprechliche geschieht, die heilige Buchstabenordnung zerfällt und ein Fehler die unberechenbare Macht jeder Permutation offenbart, muss nicht etwa der Satz, sondern das Buch neu begonnen werden. Die Rabbiner wissen, wer den Fehler im Ursprung der Dinge toleriert, toleriert auch die destruktive Kraft unserer fragwürdigen Herkunft und so erlauben sie sich nur Fehler, die sich korrigieren lassen.

Anders verhält es sich mit Menschen, die im Zeugungsakt Fehler schreiben. Sie haben keine Möglichkeit zur Korrektur und zerstören damit, vorsätzlich oder nicht, die Hoffnung auf Harmonie und Vollendung.

Mein Nachbar zählt zu den Tätern mit Vorsatz, denn all seine Kinder weisen genetische Anomalien auf, die weder Hoffnung auf Korrektur noch Heilung kennen.

Seine drei Söhne leiden unter Hämophilie. Eines der Mädchen, seine jüngste Tochter, besitzt ein degeneriertes Rückgrat, das ihrem Körper nur mäßiges Wachstum erlaubt. Das Kind erwartet die verkrüppelte Existenz einer schmerzgeplagten Zwergin. Die verbleibenden zwei teilen sich als Zwillingsschwestern ein anderes Elend. Ihre Denkfähigkeit ist vermindert, ihr Intellekt ohne Entwicklungschance, und was immer sie erwarten mag, wird nichts sein, das Intelligenz verlangt. Mein Nachbar sah sich immer wieder dazu verurteilt, unangenehme Wahrheiten über seine Kinder zu akzeptieren. „Sie haben bei Isabella und Caro neben Legasthenie nun auch Dyskalkulie festgestellt", war nur eine der Schreckensnachrichten, die ihn ständig heimsuchten und die er, unfähig sie schweigsam zu ertragen, weitergeben musste, um nicht an seinem Kummer zu ersticken.

An einem freudlosen Herbstmorgen, als ich ihn, nach Hause gekommen von der Arbeit, im Stiegenhaus Unverständliches lamentieren hörte, schien sein Kummer noch größer zu sein als sonst. Meine Neugier war erwacht und brachte mich dazu, nicht, wie sonst üblich, wortlos grüßend an ihm vorbeizugehen, sondern stehenzubleiben und ein Gespräch zu suchen.

Ich setzte mich auf eine der Stufen vor seiner Wohnung, legte meine Tasche ab, und bat ihn mit einer einladenden Geste, meinem Beispiel zu folgen, was er auch tat, wenngleich etwas zögerlich, weil er nicht wusste, was er von mir zu erwarten hatte. Dann beging ich den Fehler, ihn direkt auf seine Sorgen anzusprechen. „Was ist los? Wie geht es deinen Kindern?" Mein Interesse war nicht geheuchelt. Ich fragte mit ehrlicher Absicht, ohne Ironie und Sarkasmus.

Er blickte auf, fixierte mich streng, uneins mit sich, ob er mir trauen konnte. Entschieden schob er endlich seine schmalgeränderte Brille zurück und begann zu erzählen. Sein Mitteilungsbedürfnis hatte gesiegt, sein Misstrauen war gewichen. „Ach weißt du, Marianne ist wieder hysterisch. Sie erträgt es nicht, dass beide Mädchen eine Lese- und Rechenschwäche besitzen." Er rieb sich heftig über die Augen, räusperte sich mehrmals und begann seinen Nacken mit einer Hand zu kneten. „Sie ärgert sich maßlos", fuhr mein Nachbar, bemüht seinen Unmut zu kontrollieren, fort zu berichten, „und das obgleich sie alles unternommen hat. Mit beiden hat sie täglich gelernt. Stundenlang, unermüdlich, immer wieder, doch es war umsonst." Thomas schluckte heftig, „beide Mädchen müssen die 4. Klasse wiederholen." Ich schaute ihn eine Minute nachdenklich an, ehe ich seine Neuigkeiten kommentierte. „Sag", begann ich zaghaft tastend, „schämt sie sich?" Mein Nachbar schaute mit gequälter Miene auf seine Hände – Hände, die etwas schaffen und gestalten können, denn er hat Talent, Dinge zu bauen, für seine Kinder, für sich und andere. „Ja, das tut sie." Thomas schluckte mehrmals vernehmlich. Es kostete ihn sichtlich Überwindung fortzufahren. „Sie schämt sich, dass ihre Kinder dümmer sind als die anderer Leute, und die Kinder merken es."

Mein Nachbar räusperte sich nervös in Intervallen von zehn Sekunden. Wie mir Thomas einmal beschämt erklärte, litten seine Stimmbänder unter Polypenbefall, ohne dass die Möglichkeit bestanden hätte, diesem lästigen Übel operativ zu begegnen. Es sei, versicherte Thomas, keine Frage des Willens, sondern der Anlage, und so könne er diesem Problem nichts entgegensetzen als seine Hoffnung auf eine spontane Heilung durch Gott. Ich habe weder diese Diagnose noch die Diagnose zu seinen Kindern je laut hinterfragt, wenn auch gedacht, dass ich an seiner Stelle keinen Tag länger als nötig mit einer Frau verbringen würde, die immer Verständnis forderte, doch kein Verständnis kannte, für ihn, seine Leiden, Wünsche und Sehnsüchte. So sehr sie nach Lösungen schrie, so sehr hasste sie jede Veränderung, die ihrem Mann geholfen hätte, sein Leben zu genießen und nicht nur zu erdulden.

Unermüdlich soufflierte sie Thomas, dass er nie den Glauben an den göttlichen Wert ihrer Schwangerschaften verlieren dürfe. „Wenn unsere Kinder krank geboren werden, ist das eine Prüfung Gottes, die wir dankbar annehmen müssen", trichterte sie Thomas unermüdlich ein, der ihre kruden Thesen gelten ließ. Er fügte sich in den Irrsinn und begann zu glauben, ein schadhaftes Erbgut sei ein Geschenk, auch für seine noch ungeborenen Kinder.

Der Reflex unserer Zeit, sofort Faschismus zu schreien, wenn daran erinnert wird, dass Inklusion das Ergebnis einer Mutation und keiner vollkommenen Transformation darstellt, ist der kollektiven Heuchelei geschuldet, selbst die schlimmste Verirrung der Evolution als grandioses Happening zu feiern. Nur wenige geben zu, dass sie Abscheu erfasst, wenn Menschen animalische Züge tragen und nur ihren Trieben folgen.

Ich selbst war Zeuge davon, wie eine Gruppe enthemmter Mongoloider auf einer Wiese kopulierte, zügelloser und bacchantischer als jede Houellebecqsche Phantasie es je beschwören könnte. Der Sexualtrieb mongoloider Menschen ist extrem ausgeprägt und schwer zu kontrollieren. Jeder weiß es, jeder leugnet es. Das Befremden, das sie bei anderen erwecken, ist ihnen selbst jedoch vollkommen gleichgültig. Sie bemerken es nicht, denn sie kennen keine Scham. Sie leben ganz ihren Trieben hingegeben und so bedürfen sie weder meines Mitgefühls, noch meiner Fürsprache. Ihre Eltern hingegen, die seit Jahrzehnten nichts kennen als Dienst am niemals erwachsen werdenden Kind, verdienen alles Mitgefühl dieser Welt. Da ich weiß, wie wenig unsere angeblich inklusionsaffine Gesellschaft zur Kenntnis nehmen will, dass ihr Leben ewige Knechtschaft bedeutet, bin ich gerne ihr Advokat. Als 24-Stunden-Bedienstete ihrer Kinder haben sie nur die Wahl zwischen franziskanischer Demut und stoischer Gleichmut und beides zermürbt auf Dauer auch den stärksten Charakter.

Meine zweijährige Arbeit in einer Behindertenstiftung zwang mich zu Einsichten in das Leben von Trisomie-Träger-Familien, die ich nie erwartet, geschweige denn ersehnt hätte. Mein Part war es, Gelder zu erbetteln – neudeutsch: zu akquirieren und „Funds zu raisen". Meine Berufsbezeichnung als Referent für Fundraising und Stiftungsmanagement sollte das Elend diskret verhüllen.

Die Werkstätten, in welchen 800 Menschen mit geistiger Behinderung einem verzichtbaren Tagwerk nachgehen, sollten eine solide Finanzbasis erhalten. Meine erste Lektion als Geldbeschaffer dieser Organisation war eine Lektion in korrekter Nomenklatur. Grundsätzlich, wurde mir gesagt, hätte ich darauf zu achten, behinderte Menschen nie als Behinderte zu bezeichnen. Der richtige Sprachgebrauch orientiere sich an der Bezeichnung „inklusionsaffine Menschen mit Assistenzbedarf". Alles andere sei ehrverletzend, stigmatisierend und vollkommen inakzeptabel.

Die in dieser Welt verbrachten zwei Jahre haben mich alles gelehrt, was über die Psyche, Instinkte und Fähigkeiten mongoloider Menschen zu lernen ist.

An meinem ersten Arbeitstag führte mich mein schnauzbärtiger Chef – dessen Kleidung den verschämt-schwulen Pädagogen der 1968er-Jahre gut zur Geltung brachte – durch die Werkstätten seiner Schutzbefohlenen. Er bescheinigte allen brillante Fähigkeiten. „Weißt du", er duzte mich von Beginn an, „das sind alles tolle Menschen. Ihre

Gefühle sind authentisch." Nichts fürchte ich mehr als die Vokabel „authentisch". Sie verleiht allem einen makellosen Leumund. Als sei es ein Vorzug, authentisch für was-auch-immer zu sein.

Ohne kulturelle Überformungen wäre unsere Spezies nicht fähig, einen Tag in Frieden zu leben. Schon so sind die Ergebnisse menschlicher Interaktion entsetzlich. Was aber, wenn auf jede Etikette verzichtet würde und jeder „er selbst" wäre? Wer keine Rücksicht nehmen kann auf das Empfinden, die Umgangsformen und Belastbarkeit seines Gegenüber wird wenig Freunde finden. Und dennoch beharren alle auf Authentizität.

Die Mongoloiden sind große Vorbilder, was Authentizität betrifft. Sie begreifen ihre geringe Impulskontrolle nicht als peinlichen Nachteil, sondern leben ihre Affekte ungehemmt aus. Mein politisch korrekter Chef wandte sich ab, als er sah, wie zwei Trisomie-Träger mit Metallstangen aufeinander einschlugen, ohne dass es ihr verzweifelter Werkmeister hätte verhindern können. Der arme Mann wusste sich nicht zu helfen und versuchte vergeblich, die beiden zu trennen. Fassungslos blieb ich stehen, rief nach Hilfe und war eben im Begriff, das traurige Schauspiel selbst zu beenden, als ein älterer Herr, klein und mit schütterem Haar, offensichtlich ein weiterer Werkmeister, an meinem Ärmel zog und mit resignierter, doch befehlsgewohnter Stimme sagte: „Lassen Sie das. Es würde nichts nutzen." Er blickte ungerührt auf die entfesselten Typen. Mittlerweile hat die Situation eine Wendung genommen. Beide Kombattanten lagen auf dem Boden, wimmerten kläglich und hatten jedes Interesse für ihr Gegenüber verloren. „Die beiden sind jetzt ruhig", sagte der Werkmeister. „Und Sie? Was wollen Sie noch hier? Sie sollten endlich gehen", herrschte er mich an. Der Alte gab sich keine Mühe, höflich zu erscheinen. Heute, viele Jahre später, weiß ich, warum er mich barsch aus seiner Höllen-Werkstatt vertrieben hatte. Es wäre noch unerträglicher für mich geworden, hätte ich gesehen, was sich im Nachgang an die Prügelei ereignete.

Wir zitieren Gott und vergessen dabei, was es bedeutet, kreatürlich zu sein. Die Überlebenden der Arche Noah sind nur Strandgut der Evolution und dennoch beharren alle auf Exklusivität. Nicht von ungefähr ist die Falschheit und Lüge der fahle Anstrich des Sozialbetriebs. Jene, die sich brüsten, sie arbeiteten, im Interesse der Gesellschaft, für Gleichberechtigung, Integration und Resozialisierung, sind fast immer Heuchler. Egozentrische Heuchler, die nichts akzeptieren als sich selbst. Sie wissen nicht, und werden es nie erfahren, was es bedeutet, mehr zu sein als ein lärmender Komplex. Ich ahnte damals zwar schon, dass Sozialarbeit oft nur jenen dient, die sie leisten, doch konnte ich es noch nicht wissen.

„Die Krone der Schöpfung, das Schwein, der Mensch", Gottfried Benn, dem der Geruch anhaftet, ein Nazi zu sein, schrieb diesen dialektischen Dreisatz noch zur Zeit des janusköpfigen Expressionismus', der jenseits der Ironie keine Wahrheit gelten ließ. Ich bin, wie der expressionistische Benn, gewiss kein Menschenfeind, doch ich bin müde der abgeschmackten Mysterienspiele auf den Bühnen verlogener Menschlichkeit.

Mein Tagwerk unter den Inklusionsaffinen war hart; mein Job verlangte Disziplin und Charme, denn ich hatte pausenlos Menschen zu hofieren, die reich genug und damit geeignet erschienen, die Stiftung mit üppigen Geldern zu unterstützen. Ich besaß dabei eine glückliche Hand. Da ich die Gabe habe, auch dumme Menschen glauben zu machen, sie seien intelligent und großmütig, fand ich viel Resonanz. Die Galanterie für die Damen wurde durch Galanterie für den Geldsack ersetzt. So einfach es klingt, so kompliziert ist es, einen Geldsack zu überreden, sein Geld nicht für sich zu horten, sondern auf die Wohlfahrt Fremder zu verwenden.

Einmal, als es mir gelungen war, einen wirklich großen Coup zu landen, wurde ein Treffen arrangiert, bei dem vor lokaler Presse und Politprominenz ein symbolischer Scheck medienwirksam überreicht werden sollte. Dr. h. c. Frommer, der stellvertretende Vorstandsvorsitzende eines großen Exportunternehmens, hatte sich beschwatzen lassen, 100.000 Euro zu spenden. Nun sollte er für seinen Altruismus den vereinbarten Medienlohn erhalten, in unserer Geschäftsstelle, der gegenüber sich die großen Werkstätten befanden, in denen die Behinderten ihre Arbeit verrichteten.

Als er seiner prächtigen Firmen-Limousine entstieg, wusste der Mann noch nicht, dass auch gute Taten hässliche Kinder zeugen können. Zu Beginn verlief alles nach Plan. Nach den üblichen Reden und Sektglasgesprächen fiel es Herrn Dr. h. c. Frommer ein, sich persönlich ein Bild von den Arbeits- und Lebensverhältnissen unserer Schutzbefohlenen zu verschaffen.

Mein Chef wurde nervös, wusste er doch, dass in den Hochsommermonaten, es war August, seine mongoloiden Mitarbeiter ihre Mittagspausen gerne im Freien, bei einem nahe gelegenen Weiher, verbrachten. Ein Wäldchen, mit hübscher Lichtung und kleinem See, grenzte unmittelbar an die Werkstätten. Es war ein lauschiges, einladendes Plätzchen, von dem wir alle wussten, dass unsere intellektuell befreiten Kollegen es gerne in großer Zahl nutzten, um sich sexuell auszuleben. Doch mein Chef hatte keine Alternative, er musste den Wunsch unseres großzügigen Spenders erfüllen, der darauf bestand, meinem Chef und mir mit seiner ganzen Entourage zu folgen. Als wir die Lichtung betraten, sah und roch der stellvertretende Vorstandsvorsitzende eine Szenerie, die er, wie wir alle, wohl nie vergessen wird. Es war, als wären wir eingetreten in eine Phantasie de Sades – einen Albtraum von wahrhaft Hieronymus Boschschen Ausmaßen.

Zu dutzenden lagen und saßen unsere Schutzbefohlenen aufeinander. Entblößte, ineinander verwobene Leiber kämpften den Kampf der Geschlechter, als gäbe es keine Hoffnung auf Harmonie. Der Geruch war unbeschreiblich, von widerwärtiger Süße, faulig, verdorben wie der Urin eines Diabetikers, dem alle Sekrete beigemischt werden, die unser Stoffwechsel kennt.

Der Rückweg war ungleich schneller absolviert als der Hinweg. Als habe sich eine Furie an seine Sohlen geheftet, eilte der Wirtschaftsmagnat mit fliegenden Schritten durch das kleine Birkenwäldchen zurück, sprachlos und ohne die Blicke zu heben. Mein verzweifelter Chef und ich versuchten erfolglos, Schritt zu halten. Nur der Assistent von Dr. h. c. Frommer besaß die Höflichkeit, auf uns zu warten, ehe er, nach einem hastigen Adieu, im Fond der Limousine seines Chefs verschwand. „Auf Wiedersehen", sagte er lapidar, mit Grabesstimme, lächelte matt, hüstelte verlegen und schüttelte meine Hand. Mein Chef druckste kurz, fuhr sich über die hohe Stirn, malträtierte seinen gelblichen Schnurrbart und würgte sein Lebewohl, nah am Ersticken, hervor. Ich selbst blickte gedankenverloren auf die kleiner werdende Silhouette der Vorstands-Limousine, die sich am Horizont verlor.

Ich hatte genug gesehen und ertragen, als dass ich noch zuversichtlich gestimmt sein konnte. Das Hohelied der Inklusion zu singen, so wusste ich, wäre mehr als obszön gewesen, es hätte mich meines Verstandes beraubt, der, nach zwei Jahre währendem Exerzitium, ohnedies eher zufällig noch nicht seinen Dienst quittiert hatte. Das Chaos lässt sich nicht beherrschen. Diese Lektion hatte ich mittlerweile gelernt. Es schien mir vermessen zu glauben, jede Kreatur sei geschaffen, die Genesis auf schöne Weise fortzuschreiben.

Unser Nachbar mit sechs Kindern sucht jedoch noch immer nach einer Gleichung für den Antagonismus seines Lebens. Er beschwört eine göttliche Referenz für die traurigen Fortsetzungen seines biologischen Daseins. Offenbar glaubt er, er könne sich wie der Heilige Augustinus, selbst erlösen, der das Paradoxon als Fundament seines Glaubens wählte.

„Ich glaube, weil es absurd ist", belehrt uns Augustinus, augenzwinkernd, doch ernsthaft. Er bleibt damit ganz in der Tradition jener rhetorischen Meister, welche die Schönheit einer gelungenen Paraphrase oder Allegorie mehr zu schätzen wussten als den Applaus ihrer Jünger. Augustinus war nicht nur „Mund des Kaisers" und gefeierter Rhetor am Hof zu Mailand, sondern auch kokett genug, Gott zu bitten: „Mach' mich keusch, aber jetzt noch nicht." Etwas später, in mittleren Jahren, fand die große Konversion des heiligen Mannes statt. Er wurde Christ und begann, sich seiner heidnischen Frau zu schämen, die ihm über 15 Jahre hinweg eine Liebe schenkte, um die ihn jeder beneidete, der sie kannte. Augustinus traf seine feige Entscheidung in einer Zeit, als die monotheistischen Plebejer-Horden das Römische Imperium, seine Traditionen und Bibliotheken, in Schutt und Asche legten. Die Christen taten das nahezu bedenkenlos, weil sie ahnten, dass ihre Dummheit Millionen Menschen berauschen und dazu verführen würde, der Vernunft für immer zu entsagen. Niemand, so dachten sie, würde ein Wissen vermissen, das den Anspruch erhob, das Denken immer über das Handeln zu stellen. Fast 2000 Jahre später haben heute muslimische Schergen ihr Erbe angetreten; auch sie kennen keine Bedenken, die wundervollen Monumente einer Epoche auszulöschen, deren Cäsaren Tempel des Wissens erbauten und nicht zerstörten.

Es zählt noch immer zu den beliebten Lügenmären der Antike, dass Julius Cäsar für die Zerstörung der Alexandrinischen Bibliothek verantwortlich gewesen sei. Die große Autodafé griechisch-römisch-persischen Wissens ist das fragwürdige Verdienst der Christen, die – trotz ihrer zahlreichen Gelehrten – seit zwei Jahrtausenden alles getan haben, die Quellen ihrer Religion zu vertuschen. Fast wäre es ihnen gelungen, den antiken Kosmos aus den Annalen unserer Kulturgeschichte zu tilgen. Fast!

Die Christen und ihre muslimischen Enkel wussten, dass es illusorisch gewesen wäre, sich mit den philosophischen Schulen und Mysterien des Altertums zu messen. Eine Disputation zwischen Paulus und Aristoteles hätte jeden Zweifel darüber beseitigt, wessen Geist Klarheit ersehnte.

Paulus scheppert mit Zimbeln und Posaunen. An manchen Stellen gelingt ihm sogar ein eleganter Syllogismus, dennoch ist seine Argumentation selten folgerichtig. Umso mehr wirkt seine Suggestivkraft bei jenen Geistern, die ihre Religion nicht bewiesen, sondern erfolgreich verbreitet sehen wollen. Demagogie kennt keine „Nikomachische Ethik", Religion keine Freude an Logik und kritischer Reflexion.

Auch Nero Ahenobarbus, dem diffamierten Jungen der Agrippina, ist die Fama der Christen zum Unglück geworden. Er, der viel gescholtene, theater- und liederkundige Mann, den die Christen bis heute einen gewissenlosen Brandstifter schimpfen, war es, der in einem beispiellosen Akt des Mitgefühls die Palatinischen Gärten für alle Römer geöffnet hat, um jedermann Schutz zu gewähren, vor dem verheerendsten Brand, den Rom nach dem Einfall der Germanen unter Brennus erleiden musste. So wenig der Kaiser Freude an Kriegen, Intoleranz und religiöser Zwietracht besaß, so wenig war er Urheber dieses Brandes. Der Kaiser war vielleicht ein weltvergessener Träumer, ein Künstler mit fragwürdigem Talent und, von Zeit zu Zeit, auch infantil genug, seine Wünsche dem Wortlaut nach erfüllen zu lassen, ein krankhafter Schlächter und Brandleger jedoch war er nicht.

Als sich die Juden Jerusalems seinem Begehren widersetzten, auch in ihren Tempeln, wie in allen Tempeln der römischen Welt, eine Büste des Kaisers aufzustellen, beharrte er nicht darauf, seinen Willen durchzusetzen, sondern hörte auf den Rat seines syrischen Legaten, zeigte Großmut und ließ ihnen Zeit. Erst als er erkennen musste, dass die Juden in ihrem monotheistischen Wahn nicht willens waren, zu begreifen, dass Religionen, werden sie sektiererisch und intolerant, die Harmonisierung der Unterschiede verhindern, endete seine Geduld.

Nicht zuletzt die Res publica – ein parteiloses, übergeordnetes gemeinschaftliches Interesse – war die zentrale Neuerung Roms. Indem der Kaiser jedem das zugestand und gewährte, was sich heute Privatsphäre nennt, bewies er viel Klugheit und ein Bewusstsein für die soziale Gesundheit seines Volkes. Seit Augustus hatte es Tradition, selbst in der Peripherie an das Zentrum des Reiches zu erinnern. Damit wusste jeder römische Bürger, dass die kaiserliche Gnade nicht an den Grenzen der Hauptstadt endet, sondern in konzentrischen Kreisen wächst und jeden und alles berührt, was dem Imperium angehört.

Meine theologisch-historischen Betrachtungen sind keinem Zufall geschuldet. Aristoteles bedarf meiner Fürsprache nicht. Woran mir gelegen ist, mag auf den ersten Blick trivial erscheinen, doch nur, weil in Vergessenheit geraten ist, wie sehr Religion dazu beiträgt, die schlimmsten Instinkte der Menschen zu wecken.

Das Christentum und der frühchristliche Gottesbegriff besitzen noch immer viel Zerstörungskraft. Die gewöhnliche Angestelltenexistenz folgt nach wie vor der calvinistischen Arbeitsethik, dem katholischen Schuldprinzip und einer christlich motivierten Arroganz und Hybris.

Mein Nachbar Thomas ist nicht nur komplexbeladenes Opfer zu hoher Erwartungen, sondern auch anmaßend genug, sein persönliches Elend als göttlichen Maßstab zu begreifen. Hätte Gott nicht seinen zahlreichen Nachwuchs gewollt, wären die In-vitro-Fertilisationen gescheitert – davon ist er überzeugt, und schon bald ist er fünfzig.

9. Die Aristokratin *oder* Endlich schwanger

Eine Bekannte von mir wurde mit 46 Jahren erstmals Mutter. Ihre offensichtliche Freude darüber, nach Jahrzehnten des Wartens doch noch ein Kind zu bekommen, gab ihr, der sonst immer freudlosen Hanseatin, ein fast fröhliches Auftreten, wenn auch nicht für sehr lange. Diese kurze Phase emotionalen Erwachens war das Einzige, was mich ihr etwas näher brachte. Für wenige Tage war ich fast versucht zu glauben, Valeska würde lernen, endlich weniger arrogant zu sein. Ihr Dünkel und steter Hinweis, niemals das „von" zu vergessen, das ihrem Namen Adel verlieh, waren für mich Gründe genug, Gespräche mit ihr eher zu meiden.

Wenn ich im Institut ihr Büro betrat – damals knechtete ich noch als wissenschaftlicher Assistent unter der strengen Knute eines jovialen Scheusals mit Professorentitel –, musste ich mich immer beherrschen. Ich hatte große Schwierigkeiten, freundlich zu bleiben, sobald ich sie traf. Sie seufzte nahezu immer, wirkte ewig angespannt und dabei eifrig und dienstbeflissen. Ich glaube nicht, dass sie jemals einen Gedanken hatte, der nicht bereits durch die Zensur zahlloser Wissenschaftler gegangen wäre und als nachweislich richtig gelten durfte. Sie zählte zu der Meute willfähriger Speichellecker, die keine Freunde mehr kennen, sobald sie eine Chance sehen, den universitären Olymp zu erklimmen. Jene, die tatsächlich Interesse besitzen, das Verhältnis von Mensch und Welt zu erforschen, sind nicht nur hoffnungslose Anachronismen, sondern dazu verurteilt, bereits mit 30 Jahren ihren Enthusiasmus für immer zu begraben.

Es hat mich immer geschmerzt, einen klugen, denkenden Menschen verwirrt und entmutigt zu sehen.

Valeska hingegen war frei von Irritationen und zeigte nie ernstes Bemühen, geistreich zu sein. Das und, nicht zuletzt, Valeskas gestelzter

Habitus, ließen mich gerne Abstand halten von ihrer prüden Erscheinung.

Ihr Aussehen war das eines norddeutschen Honoratiorentöchterchens. Blondes, zu einem Pagenkopf gestuftes Haar umgab ein langgezogenes Gesicht mit schiefer Nase, die sich ständig, leicht angewidert, zu rümpfen schien. Valeskas Lächeln war mehr ein zwanghaftes Grimassieren. Alles an ihr wirkte zwanghaft, unabgeschlossen und wie von Dilettantenhand gemacht. Müsste ich mich an ein hübsches Detail erinnern, so würde ich mich an ihre blauen Augen erinnern. Valeska war keine Schönheit und, was noch schwerer wog, sie war kein aparter Mensch. Ich nahm sie nicht wirklich wahr, ich nahm sie zur Kenntnis, wenn es sich nicht umgehen ließ. In manchen Augenblicken hatte sie mein Mitleid, mein Mitgefühl jedoch hatte sie nie.

Valeskas Mann war eher belanglos. Weder wurde er von einer eigenen Meinung belästigt, noch hatte er Ambitionen, mehr zu sein als ein leitender Bankangestellter. Er war Fonds-Manager, zufrieden mit seinen jährlich ausgezahlten Provisionen und echauffierte sich nie, ausgenommen über das Essen in seiner Kantine, das Luft nach oben habe, wie er oft betonte. Es gab keinen Grund, ihn zu mögen oder auch nicht zu mögen, es gab tatsächlich nicht einen Grund, sich mit ihm zu beschäftigen. Entscheidend war, dass er Valeska schwängerte: Ben glückte, woran alle gescheitert waren – er schenkte Valeska Leben.

Die ersten Wochen der Schwangerschaft erhielten ihre Bekannten regelmäßig Statusberichte über die Entwicklung des Fötus', bis zum sechsten Monat, dann wurde es still. Eher zufällig wurde ich darauf aufmerksam gemacht, dass nicht alles zum Guten stand. Als ich Ben, an einem Samstagvormittag, mit einem Einkaufswagen bewaffnet, im Supermarkt traf, konnte ich jedoch noch nicht ahnen, was Valeska und ihm widerfahren war. Skeptisch beäugte er in seinen weißlichen Händen einen Kohlkopf an der Gemüseauslage des Supermarktes in meiner Nachbarschaft, offenbar überfordert, denn seine Stirn war in tiefe Falten gelegt. „Ben", sprach ich ihn an, flachsend, um jeder Verkrampfung vorzubeugen, „der Kohlkopf ist so gut wie jeder andere. Du kannst ihn nehmen." Ben hob seinen Blick, als käme er von weit her. Langsam nahm Ben mich wahr und begann zu lachen: „Hallo Clemens, was für ein Zufall." Ben wirkte blasser als sonst und auch aufgeregter. Er schluckte mehrmals und flüsterte leise, doch gut hörbar: „Bitte, sag es nicht weiter, aber ich musste eben an Valeska denken." Noch während er diesen fatalen Satz beendete, wurde ihm klar, was er sagte, und mehr noch, wem er es sagte. Verlegen legte er den Kohlkopf zurück. Mir schien, als gäbe er tatsächlich Valeskas Kopf aus den Händen, denn er tat es mit einer Behutsamkeit, die ihn selbst irritierte. Mit einer Verlegenheitsgeste fuhr er sich mit beiden Händen durch das reichlich gegelte Haar, das er nach hinten gekämmt trug. Diese modische Marotte vieler Betriebswirte, die zu Guttenberg imitierten, war jedoch nicht von Vorteil für Ben. Sie betonte seinen wuchtigen Vierkantschädel und gab ihm ein primitives, gewalttätiges Aussehen.

Ben straffte die Schultern entschlossen und versuchte, seinem Körper Spannung zu geben. Seine bleichen, unschönen Hände, die jeder Maniküre entbehrten, zeigten jedoch, dass ihm nichts weniger gelingen würde. Unbestimmt durchwanderten sie die Luft, hoben und senkten sich immer wieder mechanisch und schienen, losgelöst von seinem Körper, ein unkontrolliertes Eigenleben zu führen. Seine Bewegungen zeugten von wenig Gelassenheit. Sie waren krampfhaft und hektisch, ohne Eleganz, fast roh, und ich merkte, er suchte verzweifelt nach einer Möglichkeit, von sich abzulenken. Sein vermeintlich fröhliches Lachen konnte nicht seinen Widerwillen kaschieren, sich vor mir kompromittiert zu haben. Wahrscheinlich wäre es für ihn noch weit schmerzhafter gewesen zu erkennen, dass er mir gleichgültig war und ich ihn nicht einmal unter den Langweilern namentlich archivierte, die meinen Alltag bevölkerten. Es war offensichtlich, dass er mir böse war und nun versuchte, von seinem Gemütszustand abzulenken, und so tat er das, was für viele Männer bezeichnend ist, die nichts zu sagen, doch fast immer etwas zu kritisieren haben. Er schob die Ungereimtheiten seines Lebens beiseite und kam auf meine unorthodoxe Lebensweise zu sprechen. Auf diesem Wege erhoffte er sich, endlich wieder die Bühne der Peinlichkeiten zu verlassen, die er selbst errichtet hatte.

Menschen wie Ben nennen meine Art zu leben oft unorthodox, doch nur, weil dieses Wort für sie das Odium des Verlierers umgibt. Sie bedienen sich auch sinnloser Phrasen wie „ich gehe mit Ihnen d'accord" oder „da müssen wir noch einmal richtig den Kunden penetrieren" oder „ich suche einen geeigneten Ansprechpartner". Ihre Formulierungen umschließen das ganze Spektrum menschlicher Dummheit und manchmal, an besonderen Tagen des Widersinns, glauben sie gar, es besäße ethische Qualitäten, gewöhnliche Sterbliche, wie etwa eine Kassiererin, Frisörin oder Verkäuferin, zu grüßen. Meist grinsen sie dabei selbstzufrieden und ziehen sich – ich habe diesen Handgriff hundertmal gesehen – ihre Hemdsärmel langsam, überlegt und planvoll nach vorn, um ihrer Bedeutung und Schaffenskraft Ausdruck zu geben. Nicht selten werden dabei übertreuerte Manschettenknöpfe sichtbar, die in schlimmen Fällen diamantenbesetzte Monogramme, im schrecklichsten Falle aber Comicapplikationen aufweisen – ein Beweis dafür, dass ihre stilbewussten Eigentümer auch bereit sind, Konventionen zu brechen.

Genau diese rituellen Übungen praktizierte Ben vor meinen noch etwas verschlafenen Augen, ehe er sich, unter lautem Räuspern und Fröhlichkeit heuchelnd, dazu entschloss, sein Ablenkungsmanöver mit einer boshaften Frage einzuleiten: „Und du? Was machst du hier? Ich dachte, du schläfst am Wochenende immer aus? Einer wie du macht doch keine Besorgungen." Ben versuchte zu lächeln, was ihm schrecklich misslang. Sein Lächeln entblößte ein fleischiges Gebiss. Sein Zahnfleisch schien den ganzen Rachen zu überwuchern und die Zähne wirkten wie zufällig integriert, viel zu klein und erstaunlich weiß. Ein

Speichelfilm hatte sich über Bens schmale Lippen gelegt und verklebte, Bläschen bildend, die Winkel eines Mundes, der keine Freundlichkeit kannte.

Ich hatte keinen Anlass, Ben zu mögen, so wenig ich Anlass hatte, unsere Bekanntschaft zu vertiefen, nur weil seine Frau in einem Büro tätig war, das meinem gegenüberlag. Es ist seltsam, aber viele fühlen sich verpflichtet, den Kollegen ihrer Männer und Frauen mit Interesse zu begegnen und enge Beziehungen aufzubauen, wo gemeinhin nichts herrscht als Konkurrenz, Missgunst, Bosheit und Neid. Auch Ben war von diesem Virus infiziert und gab sich Mühe, verbindlich zu wirken, obwohl ich – in allem – eine Provokation für ihn war.

Weil ich seinen Zwiespalt kannte, zwinkerte ich Ben kameradschaftlich zu und antwortete freundlich: „Ach Ben, du weißt doch, dass ich fast immer zuhause koche." „Was", tat er erstaunt, „du kochst?" „Ja", sagte ich, „ich koche, wirklich und tatsächlich, und das gerne." Ich strahlte ihn an, als sei ich nicht recht bei Sinnen. Ich wollte ihn nicht enttäuschen, wusste ich doch, dass er an meiner geistigen Gesundheit großen Zweifel hegte und immer, wenn er mich sah, beklommen darauf zu warten schien, dass ich etwas Irres tun würde. Mit übermütiger Heiterkeit setzte ich unsere Konversation fort: „Luise und unsere Tochter lieben mein Essen, und wie du weißt", sagte ich verschmitzt lächelnd, „etwas kann jeder." Den Nachsatz hatte ich nur ihm zuliebe ergänzt. Ich wusste, er würde Ben in Verlegenheit bringen, weil er genau das dachte.

Es war ihm vollkommen suspekt, dass ich keinerlei Ambitionen erkennen ließ, Karriere zu machen. Für ihn war das gleichbedeutend mit Debilität, Drogensucht oder Suizid, und da er sich und sein Leben, so bescheiden er sich auch geben mochte, über Status und Einfluss definierte, konnte ich ihn verstehen. „Das ist toll", Bens Gesichtszüge wirkten verrutscht, als er mir, mit geheuchelter Euphorie, versichern wollte, dass meine Fähigkeiten im Hausfrauen-Segment ihm ungemein imponierten. Heuchler, dachte ich, kleiner, dummer Heuchler.

Du kannst nicht im Ansatz begreifen, welches Glück es bedeutet, für jene Menschen zu kochen, die wir lieben. Wenn Luise und Gretchen in die Küche kommen, nachdem ich zum Essen gerufen habe, tun sie das immer mit leuchtenden Augen, fröhlich, schwatzhaft und voller Vorfreude auf die Speisen, die ich für sie gezaubert habe. Es ist meist nichts Außergewöhnliches, Spektakuläres oder Exotisches, das ich koche. Es sind schlichte Mahlzeiten ohne großes Chichi, die ihnen Freude bereiten und die unseren Abenden jenen Zauber verleihen, der über einer Familie liegt, in der sich alle lieben.

Ich liebe Luise auf eine Weise, die keine Skalierungen kennt. Absolut wäre vielleicht die richtige Zuschreibung, doch selbst dieser Superlativ erscheint mir aussagelos. Luise ist die Seele meiner Seele, wie unsere Tochter das Herz meines Herzens ist; ich schäme mich nicht zu sagen, dass mein Leben, würde ich sie entbehren, nichts wäre als ein weiteres Zitat auf den Klagemauern menschlicher Gegenstandslosigkeit. Heute weiß ich, solange ich lebe, erfahre ich durch Luise und Gretchen eine Liebe, die weder Grenzen noch Zweifel kennt. Unsere Liebe vollendet sich täglich neu und wird sich auch dort vollenden, wo Zeit und Raum keine Fragen bedingen, gegenstandslos und verzichtbar sind. Diese Gewissheit ist zu kostbar und schön, als dass mich die Vergangenheit quälen oder die Zukunft bedrängen könnte.

Was uns erwartet, ist eine Metamorphose, die unsere Phantasie entfesseln wird. Was uns erwartet, ist eine Physis, die Psyche und Körper ist. Was uns erwartet, ist eins und alles zu sein.

Es wird oft davon geredet, welche Bedeutung genetisches Erbe besitzt. Sich von seinem Genom zu emanzipieren, sei dem Menschen unmöglich, höre ich immer häufiger. „Jenseits der Biologie", wird uns unermüdlich gesagt, „besitzt der Mensch keine Sicherheiten." Ich selbst habe es nie als Affront erlebt, dass die Natur uns umschließt und biologische Gesetzmäßigkeiten vieles von dem bestimmen, was wir unser Leben und Dasein nennen. Im Gegenteil war ich immer fasziniert von den mäandernden Lebenslinien des Universums. Der interstellare Raum ist nicht nur unendlich groß, weit und unvorstellbar abstrakt, sondern auch ein Panoptikum jener Entfaltungsmöglichkeiten, die jedes Wesen, jeder Kristall und jedes Atom besitzt.

Wir alle tragen das Genom unzähliger Existenzen in uns, die sich äußern und entfalten wollen. Doch das bildet keinen Widerspruch dazu, dass die einzige Konstante, die sich niemals verliert, die Affinität der Seelen ist. Eine Affinität, die wir nur bei jenen empfinden, die wir lieben und die uns alles bedeuten.

Ohne jeden Zweifel habe ich genetisch verwandte Geschwister, Onkel und Tanten, Neffen und Nichten, doch ich fühle mich keinem von ihnen verwandt, sondern jedem von ihnen weit fremder, als ich zu Anfang akzeptieren wollte. Lange dachte ich, ich müsste jene lieben, die mir genetisch zugeordnet wurden. Selbst dann, wenn sie mir kalt und herzlos erschienen. Lange dachte ich, es sei an mir, jene zu verstehen, die kein Verständnis haben. Heute weiß ich, wir haben keine Verpflichtung für Menschen, die unseren Namen tragen. Heute weiß ich, es ist ohne Wert, Verwandten zu helfen, deren „Liebe" nur Nutzen und Vorteil sucht.

Ben schenkte mir, ohne es zu wissen, viele Assoziationen – willkommene und unwillkommene. Ich schaute Ben an, der immer gequälter wirkte, und fragte ihn, um unser Treffen mit einem netten Allgemeinplatz zu beenden: „Was macht denn die werdende Mutter? Geht es Valeska gut?" Ich schenkte Ben mein unverfänglichstes Lächeln und fügte noch hinzu: „Dir stehen ja jetzt bald Vaterfreuden ins Haus, nicht wahr?" Um ihn ein bisschen zu necken, fügte ich noch hinzu: „Anfangs habt ihr uns noch auf dem Laufenden gehalten, doch seit Valeska nicht mehr arbeitet, habe ich gar nichts mehr erfahren."

Ben erbleichte. Ein leichter, fast unmerklicher Anflug von Zittern lief über seine Hände, die sich krampfhaft ineinander verkeilten, ehe er sie um die Schiebestange des Einkaufswagens legte. Es schien, als wolle er die Stange zerquetschen. Beklommen sah ich ihn an, doch Ben sagte nichts. Er rührte sich nicht und war wie erstarrt. Ben fixierte seine Schuhe, ganz so, als läge dort eine Antwort auf alle Fragen. Endlich hob er den Blick, sah mich an, schluckte mehrmals hörbar und sagte nur, lakonisch und ohne meine Frage nach dem Kind zu beantworten: „Valeska geht es gut." „Schön, das freut mich", versicherte ich ihn meiner Empathie. Empathie ist die Mode des neuen Jahrtausends. Ich kenne nur noch Empathie-Beseelte. „Und das Kind?" Ich insistierte auf das Naheliegende und hatte auch wirklich Interesse daran zu erfahren, wie es dem Kind denn ging. „Das Kind", Ben presste die Worte unter Widerwillen hervor, „das Kind kommt, wie vorhergesagt, in der zweiten Hälfte des Januars." Mürrisch schaute er auf die Gemüseauslage und ich merkte, er wollte nun, koste es, was es wolle, dieses Gespräch beenden. Doch ich ließ nicht locker und fragte naiv: „Ist alles in Ordnung, Ben?"

Ben verlor unvermittelt seine bislang noch mühsam bewahrte Haltung, auf die er, wie ich wusste, unendlich viel hielt. Es musste etwas für ihn Furchtbares geschehen sein, wenn er heftige Gefühle erkennen ließ. „Nein", schrie er hysterisch, seine ohnedies hohe Stimme rutschte in ein Falsett, „nichts ist in Ordnung. Das Kind", eine Welle von Abneigung, Verzweiflung und Hass überflutete ihn, „ist mongoloid."

Nun zitterte er am ganzen Körper und wusste kaum noch, wie er sich, sein Unglück und die traurige Gewissheit, der Vater eines mongoloiden Kindes zu sein, kontrollieren sollte.

Zum ersten Mal fühlte ich Sympathie für ihn. Seine Verzweiflung berührte mich, auch weil ich wusste, dass er ab jetzt in einer Welt leben würde, die nichts kannte als Heuchelei und Lüge. Seine Familie und Freunde würden ihm suggerieren, das alles sei nicht weiter tragisch. Sie würden immer und immer wieder davon erzählen, dass auch Mongoloide beträchtliches Potential besäßen, aber genau das Gegenteil davon denken. Sie würden zwischen Verachtung und Mitleid mit ihm, seiner Situation und Perspektivlosigkeit pendeln, und, was weit schwerer wog, sie würden Lust und Glück daraus beziehen, selbst von dieser Sache verschont zu sein. Mittel- und langfristig würden sie eine Routine entwickeln, die kein Mitgefühl kannte und sie davor bewahrte, seine Qual und Pein zu verstehen. Dennoch oder vielleicht gerade deswegen würden sie ihn zwingen, sich über sein stigmatisiertes Kind zu freuen. Sie würden ihn, ob er wollte oder nicht, im- und explizit darauf hinweisen, dass es keinen Grund für ihn gebe, Angst vor der Zukunft zu haben. Sie würden ihm mitteilen, dass er in zahlreichen wissenschaftlichen Magazinen nachlesen könne, was Mongoloiden, bei entsprechender Förderung, zwischenzeitlich möglich sei. Sie würden von den seltenen Fällen sprechen, die einen Realschulabschluss erwerben konnten, doch allein der Klang des Wortes „mongoloid" würde genügen, den boshaften Charakter ihrer Tröstungen zu enttarnen. Sie würden Ben schamlos daran erinnern, dass ihn die Mutation seines Kindes ewig begleiten und seine Tage vergiften würde. Immer und immer wieder würden sie ihn erinnern, ihm keine Pause zugestehen, kurz zu vergessen, dass sein Kind, solange es lebte, ein Menetekel seines Versagens bleiben würde.

Ich fühlte spontanes Mitleid und legte, was ich sonst nie getan hätte, eine Hand auf Bens bebende Schulter und sagte leise und frei von Häme: „Was für ein Elend. Es tut mir leid." Ben, der gewohnt war, nur Plattitüden zu hören, beruhigte sich, hörte auf zu zittern, blickte mir direkt in die Augen und das lange, fast zu lange für meinen Geschmack. „Ich danke dir, Clemens", flüsterte er schließlich tonlos. „Du bist der erste, der nicht darauf besteht, dass ich dennoch glücklich zu sein habe." Er blinzelte mehrmals, als müsse er sich besinnen. Mit neu erwachter Kraft hob er seinen rechten Arm, streckte ihn aus, deutete vielsagend auf mich, als müsse er mich einem Publikum vorstellen. „Nun weiß ich auch, warum Valeska immer erzählt, du würdest sie verwirren. Du bist wirklich sehr ehrlich", ließ er mich wissen, „und damit machst du ihr Angst." Nach diesem überraschenden Bekenntnis schwiegen wir beide. Was hätte ich sagen können, um die peinliche Stille aufzuheben?

Seine Frau war mir gleichgültig und das kurze Intermezzo unseres Gleichklangs nicht Grund genug, mich mit Ben zu verbrüdern. Er blieb, was er war, auch wenn ich verstand, was ihn quälte. Ich dachte an meine Frau, unser Kind und die fast weltentrückte Heiterkeit unseres Zusammenlebens. Das genügte, um mich endgültig von ihm, seiner Situation und den trostlosen Gesetzmäßigkeiten seiner anständigen Existenz zu distanzieren. „Ben", sagte ich langsam, jede Silbe betonend und Abschied nehmend, „deine Frau wird sich arrangieren. Mit allem, was euch erwartet. Mit allem, verstehst du?" Ich lächelte leicht und hob mein Einkaufskörbchen entschlossen auf, das mich, befüllt mit Köstlichkeiten, daran erinnerte, dass es keine delikate Seite an Valeska oder Ben gab. Er blickte mich fragend an und so sagte ich ihm das Einzige, das er als Antwort verstehen und akzeptieren konnte: „Und du, Ben, solltest ihr dabei helfen." Ich nickte ihm noch einmal zu, ließ ihn stehen, ging weg und wandte mich nicht mehr nach ihm um.

Monate später erfuhr ich von einem Bekannten, dass Ben damit begonnen hatte, in seiner Kirchengemeinde aktiv zu werden. Er organisierte „Wochenenden der Inklusion" und hatte sich dazu entschlossen, Valeska in der Erziehung des Kindes zu unterstützen. Valeska war längst wieder in unser Institut zurückgekehrt und verteilte Karten, die ihre Tochter Valeria – sie hatte der Versuchung nicht widerstehen können, einen cäsarischen Namen für ihr Kind zu wählen – wie ein normales Kind erscheinen ließen.

Valeska hatte einen anderen Weg gewählt, dem Problem zu begegnen. Sie ignorierte einfach, dass ihr Kind war, was es war. Valeska, das wusste ich, würde verbissen daran festhalten, das Offensichtliche zu verleugnen. Wenn alle Künste der Camouflage versagten, würde sie dennoch keinen Zweifel an ihrer Wirksamkeit erlauben.

Frauen ihrer Herkunft und ihres Alters sind unerbittlich bei der Verfolgung ihrer Interessen, selbst wenn diese nicht in ihrem persönlichen Interesse liegen.

10. Die Kulturschaffenden *oder* Der traurige Mops

Der Abend versprach wenig Gutes. Luise hatte mich gewarnt und mehrmals gesagt, ich solle immer in ihrer Nähe bleiben. „Der Abend", drohte Luise lachend, „ist bevölkert mit alternden Menschen. Die Fünfzigjährigen, die dich offenbar faszinieren", sie amüsierte sich über meine fast manische Lust, Personen nahe der Fünfzig zu porträtieren, „leben wirklich, und dort, wo wir hingehen, sind Dutzende von ihnen. Erträgst du das, mein Herz?" Ich hatte zwar alles gehört, was Luise sagte, doch war zu verzückt von ihrem Lippenspiel, um zu verstehen, was sie mir mitteilen wollte. Wie ein honigtrunkener Bär hatte ich ihr einen langen, innigen Kuss auf die Lippen gedrückt und nur genickt. Eine halbe Stunde später wusste ich, wovor mich Luise bewahren wollte.

Eine Wohnung in teurer Umgebung, auf Norm getrimmt und durch und durch überladen mit den Devotionalien eines vielgereisten Bürgerlebens, nahm mich in seine Fänge.

Diese Wohnung presste mich in die schablonierte Fröhlichkeit zwanghaft feiernder Fünfzigjähriger, die in drei überheizte Zimmer gepfercht – es war Winter und die Kleider verbreiteten jene spezifische Note klammer, nie ganz trocknender Wolle –, sehr bemüht waren, sich zu amüsieren. Fünfzigjährige leben den Widerspruch kalkulierter Spontaneität und zwanghafter Zwanglosigkeit.

Theresa, die Gastgeberin, Ende fünfzig und mit großem Talent, die falsche Kleidung zu tragen, zog mich an das weitauskragende Gesims ihrer Brüste, hielt mir fordernd ihre in Schminke erstarrten Wangen zum Judas-Kuss entgegen und brachte mich, wie es mir oft bei dieser Art der Begrüßung widerfährt, in die Verlegenheit, durch das hektische Hin und Her der Gesichter, fast statt der Wange den Mund meines Gegenübers zu erwischen. Die längst gesellschaftlich verbreitete Duzer-

und Küsserei, mittlerweile bei beiden Geschlechtern und nationenübergreifend in allen Alterskasten praktiziert, wird mir zunehmend lästig. Nichts freut mich mehr als ein markanter Händedruck.

Theresa hatte sich chic gemacht. Ein hautenges, orangefarbenes Kleid mit goldenen Pailletten an Brust und Taille, ließ nichts unentdeckt, auch den schwarzen Tanga nicht, der unter ihrem transparenten Kleid zu sehen war. Schwere, auslandende Hüften und kolossale Beine, die keine Unterscheidung von Ober- und Unterschenkel erlaubten, verliehen Theresa statuarische Größe. Theresa wirkte so primitiv und gewaltig wie die Totemtiere prähistorischer Stämme.

Die spitz zulaufenden, mit silbernen Nieten beschlagenen High Heels, in die Theresa ihre großen Füße gepresst hatte, ließen erkennen, dass Theresa keinen Anspruch erhob, diskret zu sein. Zwar waren die Knöchel ihrer Füße sichtbar, doch wie bei vielen korpulenten Frauen gab es keine Fesseln zu bewundern. Alles war gleichförmig, alle Konturen waren zu einer Linie nivelliert.

Theresa wirkte ein wenig wie die exotischen Schlachtrösser, die an Landsmannschaftstreffen Oberschlesiens schwere Vehikel mit Fähnchen schwingenden Nachfolgegenerationen vertriebener Volksdeutscher ziehen, die ihre Identität auf diesem Weg, vor den Augen unserer Multimedia-Nation, unter Beweis stellen.

Fasziniert starrte ich Theresa länger als angebracht an und sie, erfreut über meine fehlgedeutete Aufmerksamkeit, tänzelte wie eine trächtige Milchkuh auf Stelzen vor mir auf und ab und fragte, kokett: „Na, gefalle ich dir, Clemens? An mir ist mehr dran als an Luise." Ihr Lachen war das Lachen entfesselter Mänaden und ihr Atem, den sie mir rücksichtslos in die Nüstern hustete, roch säuerlich-süßlich nach billigem Sekt und Käsecracker. Ich schluckte mehrmals und suchte mit gehetzten Blicken nach Luise, die offenbar drei Bekannte und einen finster dreinschauenden Herrn mit graumeliertem Bürstenhaarschnitt unterhielt, etwa zwei Meter entfernt und damit meinem Bannkreis hoffnungslos entrückt.

Brav und mit gespielter Naivität lächelte ich Theresa an, die noch immer eine Antwort erwartete. „Du siehst toll aus, Theresa, wirklich toll", stotterte ich verlegen, blickte direkt in ihr Gesicht, das sich bereits in Bereiche mit unterschiedlichem Farbanstrich parzellierte, da die schlechte, überhitzte Luft ihrer Schminke zuzusetzen begann. Welche Verheerungen Alkohol und Tabak in einem Gesicht anstellen können, ist furchtbar, dachte ich, ein Schaudern unterdrückend, und lächelte unbeirrt weiter.

Das flammenrote, hoch auftoupierte Haar, das Theresas Gesicht umrahmte, betonte noch den Verfall. Strohig reckte es sich, statisch geladen, in alle Richtungen. Ein farblich abgesetzter Pony machte die Misere perfekt, zumal unmittelbar unter dem fransigen Stirnmopp ein kajalgezeichneter Balken begann, dem die Aufgabe zukam, die Augenbrauen zu ersetzen. Theresa hatte sich ihre Brauen, wie so viele Frauen ihres Alters, derart lange zupfen lassen, bis nichts mehr geblieben war und stattdessen ein hässlicher, grober Strich den Augen Halt und Rahmen geben musste.

Große Tränensäcke wucherten unter ihren grünen, wässrigen Augen, deren leerer, hoffnungsloser Blick nicht recht passen wollte zu der zur Schau gestellten Fröhlichkeit. Es gab auch wenig Anlass für Theresa, fröhlich zu sein. Ihre Haut war mit weißen Inseln besiedelt, die auf langen Konsum der Pille zurückzuführen sind. Irreversible Pigmentstörungen, dachte ich, machen unschöne Frauen zu hässlichen Weibern. Weit mehr als altersbedingte Falten sind sie unbarmherzige Zeichen einer exzessiven Lebensweise.

Die lärmenden alternden Menschen, welche ihre Freizeit in Shisha-Bars und Diskotheken verbringen, die einer jüngeren Generation gehören, haben selten Anlass zur Freude. Ihr adoleszentes Glück ist in etwa so natürlich wie ihr Bemühen, von jenen akzeptiert zu werden, deren Eltern sie sein könnten.

Wer sich an die Spuren Primark-verliebter Konsumenten heftet, wird teilweise kaum erkennen können, ob sich am Wühltisch, wenige Meter von ihm entfernt, zwei zwanzigjährige Mädchen oder Mutter und Tochter um Kleidungsstücke balgen. Von nahem jedoch verliert sich der erste Eindruck rasch und ein reichlich bemaltes Gesicht mit welken Wangen und getünchter Stirn entzaubert die Illusion. Auch Theresa war nun an einen Punkt gekommen, wo sich nur noch schwer leugnen ließ, dass sie verbraucht wirkte.

Theresa hätte eine Familie und Kinder ihrem jetzigen Leben wohl vorgezogen. Wie anders erklärte sich ihre hysterische Freude an Kleinkindern befreundeter Paare? Theresas Beziehungen hingegen waren weder von Dauer noch fruchtbar gewesen.

Eine erste Ehe mit einem Asiaten war daran gescheitert, dass der in Europa gestrandete Mann seine Frau – kulturell mehr noch als sprachlich – nicht verstehen wollte. Zu seinem großen Missfallen besaß sie eigene Wünsche und Überzeugungen und widersprach ihm bisweilen. Zwei ausgeprägte Narben über Theresas linkem Wangenknochen erzählten von der Geschichte ihrer Selbstbestimmung.

Eine zweite Ehe mit einem strenggläubigen Muslim war in Gewalt und stürmisch zu Ende gegangen. Theresa hatte Aarin auf einem Urlaub an der Küste Tunesiens kennengelernt und ihn, gemeinsam mit mehreren Ecstasy-Pillen, ohne Überlegung im Rausch der Sinne konsumiert und schließlich eingeladen, mit ihr zusammenzuleben, zuhause, in Deutschland, „denn dort", versicherte Theresa Aarin, „wirst du frei sein. Dort ist Religion ohne Bedeutung." Theresa gab sich redlich Mühe, für die Vorzüge eines weltoffenen Landes zu werben.

Aarin konnte sich jedoch nicht dazu entschließen, heimisch zu werden in einem Land, das dem strengen Moralkodex seiner Religion nicht gehorchen wollte. Fast täglich hatte er einen „Ungläubigen" verprügelt und war schließlich, nach einer üblen Messerstecherei, im Knast gelandet.

Mit drastischen Worten hatte Aarin Theresa seine Sicht der Dinge nahegebracht: „Allah bestraft mich für dich, denn du bist eine ehrlose Frau ohne Glauben."

Theresa, die Aarin zu Beginn seiner Haftzeit noch besuchte, akzeptierte schließlich seinen Standpunkt und zog sich zurück.

Am Tag von Aarins Entlassung hatte sie sich auch dagegen entschlossen, ihn abzuholen, was Aarin sehr erbost hatte. Ohne anzurufen war er sofort zu Theresa gefahren, die sich jedoch standhaft weigerte, ihn in die Wohnung zu lassen. Stundenlang stolzierte er wutschnaubend vor Theresas Haustür auf und ab, schreiend und tobend, bis ein Nachbar endlich die Polizei rief, um dem Spektakel ein Ende zu setzen.

Allein, den Polizeibeamten gelang es nicht, Aarin zu beruhigen. Nach einem kurzen Disput, in dem Aarin die beiden Ordnungshüter unflätig beschimpfte, war sein Gastspiel in Freiheit vorüber. Die beiden nahmen ihn fest. Doch ehe es ihnen gelang, Aarin auf der Rückbank ihres Wagens zu verstauen, riss er sich los, vollführte einen letzten Veitstanz vor den Augen der Anwohner und schrie: „Theresa, du hast mich verraten. Ich verfluche dich, deine Mutter und deine Schwestern. Ihr seid keine Menschen, ihr seid keine ehrbaren Frauen. Keine von euch verdient einen richtigen Mann", hier lachte er ordinär, holte sein Glied aus der Hose, um zu demonstrieren, was er unter einem richtigen Mann verstand. „Theresa, du bist keine Frau für mich und du wirst", hier überschlug sich Aarins hasserfüllte Stimme, „in Schande sterben."

Eine von Theresas Nachbarinnen hatte mir das bei einem Glas Sekt erzählt, nachdem Theresa gegangen war, um einen Neuankömmling zu begrüßen. „Ein Glück, dass Theresa nicht aus dem Fenster sah, als der Kerl seinen Auftritt hatte", beteuerte die Nachbarin mit anteilnehmender Stimme. Ihre Empathie war jedoch, wie es oft der Fall ist, geheuchelt, denn als ich mich kurz abwandte, um nach Luise Ausschau zu halten, entstellte ein hämisches Grinsen das feiste Hausfrauengesicht. Einmal mehr war ich glücklich, nicht Teil einer reaktionären Haus- und Mietergemeinschaft zu sein.

Luise stand noch immer bei den drei mir nur entfernt bekannten Frauen und schenkte mir ein strahlendes Lächeln, das mir sagen sollte: „Komm' zu mir, mein Herz, und amüsiere dich." Ich eiste mich los von Theresas verlogener Nachbarin, griff nach einem Glas Wasser, und stellte mich neben Luise. „Darf ich euch Clemens, meinen Mann, vorstellen?" Luises Gesicht war ein einziges schillerndes Leuchten. Die drei Damen starrten mich an wie ein wundersames Tier, das durch einen Zaubertrick in ihre Mitte getreten war. Nur der graumelierte Mann blickte ungerührt auf einen imaginären, nur ihm sichtbaren Punkt und ignorierte mich vollständig.

Rüdiger, so wurde mir später gesagt, sei bei der Arbeit immer total präsent, nur in seiner Freizeit weise er Züge von Autismus auf. Rüdiger jedoch interessierte mich eher bedingt. Die drei Grazien hingegen, angekommen in der sechsten Dekade des Lebens und „in der Kultur tätig", interessierten mich sehr.

Die größte und lauteste von ihnen sprach einen harten Akzent. Ihr krauses Haar, ein silbern gesträhnter Wust eiserner Locken, wölbte sich wie Pallas Athenes Helm über einem harten Gesicht mit östlichen Zügen. Sie mochte aus Bulgarien oder Rumänien stammen, vielleicht auch aus Serbien oder dem Kosovo. Ihr Name – Tamascha – bediente zahlreiche Phantasien, wie ihr übriges Aussehen auch.

Sie trug ein verwaschenes graues Wollkleid mit wattierten Applikationen, sehr wahrscheinlich fingierten Taschen, und darüber einen Norweger-Pullover, der, selbst für diese Jahreszeit, viel zu dick war. Ihre überdimensionierten Füße, sie mochten Größe 44 haben, staken in formlosen Schaftstiefeln, was ihr ein wenig Partisanenlook verlieh und ihrem kriegerischen Naturell entgegenkam.

Tamascha blickte mich mit inquisitorischer Strenge an. Wie viele Kulturschaffende war sie von Neugier zerfressen und nicht willens, charmant zu sein. „Du also bist der Held", knarrte Tamascha mich an. „Bitte?", gab ich leicht verwirrt zurück. „Luises Held, den bislang keine von uns", sie beschrieb mit ihrer langen, knochigen Hand einen unbestimmten Halbkreis um ihre Kolleginnen, „gesehen hat."

Ihre zwei Kolleginnen waren, anders als Tamascha, blond und offenbar schwäbischer Herkunft, das zumindest legte ihr Dialekt nahe. „Ich bin Inge", stellte sich die größere der beiden Blondinen vor, „Inge aus der Dramaturgie."

Inge aus der Dramaturgie – Kulturschaffende kokettieren noch mehr als Wissenschaftler mit Fachkenntnis und Expertenstatus –, lächelte unverbindlich. „Und ich heiße Brigitte", nahm die andere den Spielball auf. Beide wirkten unsagbar bieder. Beide waren unsagbar bieder.

Inge trug eine Bundfalten-Jeans, darüber einen roten Pullover mit Wellenkragen, um das sich feines Goldhaar legte. Ihr pausbäckiges Gesicht wirkte sympathisch, ihr schmallippiger Mund jedoch strafte diesen ersten positiven Eindruck Lügen.

Inge war, wie ich später erfahren habe, tatsächlich boshaft und intrigant, zumindest seitdem sie ihr zehn Jahre jüngerer Mann mit einer zwanzig Jahre jüngeren Heilpädagogin betrogen hatte. Inges Mann kümmerte sich um den Haushalt und die zwei gemeinsamen Kinder und Inge kümmerte sich um das Geld und ihr Renommee. Inge lebte in der glücklichen Gewissheit, in ihrer Ehe die Hosen anzuhaben, bis ihr Mann es müde wurde, sein Leben unter dem Regiment einer autokratischen Mittfünfzigerin zu verbringen.

Brigitte wirkte ähnlich bieder-verbissen wie Inge, nur hatte sie momentan eine andere, eine Damen-Phase. Sie trug ein cremefarbenes Kostüm von Versace, eine plissierte Baumwollbluse mit leichtem Dekolleté, unter dem ein silbernes Medaillon blitzte, leicht durchbrochene Strumpfhosen in einem dezenten Violett und dazu Pumps, farblich abgestimmt auf ihr Kostüm, das sie mit Besitzerstolz aus- und erfüllte.

Es ist für viele Frauen, die teure Designer-Kleidung tragen, bezeichnend, damit keine Eleganz zu entwickeln. Auf fatale Weise kann solche Kleidung die Biederkeit ihrer Trägerinnen unterstreichen.

Luise hingegen findet an den konventionellsten Orten hübsche Raritäten und wirkt, gleich was sie trägt, gekleidet wie ein Star, der nachlässig zu erkennen gibt, dass er keine Mühe darauf verwenden muss, elegant zu erscheinen. „Elegance is an attitude", was Audrey Hepburn so unvergleichlich apart verkörperte, hat bei Luise seine Vollendung gefunden, und Luises Bekannte wussten das, auch an diesem Abend.

Eine heimliche Missbilligung lag in jedem Blick, der Luise – ihrer lässigen, souveränen Schönheit und Eleganz – galt. Selbst in dieser winterlichen Dunkelkammer umgab Luise ein irisierendes Licht, das sich nicht verlor und den Kontrast zu den farblosen Damen ständig verstärkte.

Rüdiger, der fast in Vergessenheit geraten wäre, hatte inzwischen seine autistische Haltung ein klein wenig aufgegeben; zumindest schien es so, da er sich dazu entschlossen hatte, mich anzustarren, wenn auch ohne ein Wort zu verlieren. „Stimmt etwas nicht?", hörte ich mich fragen. „Wie?", war Rüdigers lakonische Antwort. „Nun, offenbar scheint dich etwas an mir zu stören oder", ich lächelte verschmitzt „besonders an mir zu gefallen, sonst", hier hob ich mein Glas und führte es auf Augenhöhe, „würdest du mich nicht so intensiv betrachten." Ich dachte, ein kleiner Scherz könnte Rüdiger dazu ermuntern, ein Gespräch zu beginnen, doch ich sollte mich irren. Er grunzte ungehalten, wandte sich unwirsch ab und stellte sich an eines der Fenster, obwohl dort, ausgenommen der vagen Konturen seines Gesichts, das sich im nächtlich erblindeten Glas reflektierte, nichts zu sehen war.

Tamascha blickte mich böse an. „Was fällt dir ein", mokierte sie sich lautstark, „bist du Zyniker, oder was?" Ihre Gereiztheit setzte mich mehr in Erstaunen als der wundersame Rüdiger, der, wie ich später erfahren sollte, Tamaschas Mann war. Es ergab sich im Lauf des Abends keine Gelegenheit mehr, mit Rüdiger zu sprechen, es ergab sich zu meinem Glück nie mehr die Gelegenheit, mit Rüdiger zu sprechen.

Luise, die längst erkannt hatte, dass es besser sein würde, mich auf andere Fährten zu setzen, nahm meinen Arm, schenkte ihren Bekannten ein strahlendes Lächeln und gurrte mit sanfter Stimme: „Ihr entschuldigt doch, dass ich euch meinen Herzensmann entführe? Wir haben noch nichts gegessen und das Buffet nebenan ist einfach zu verlockend." Tamascha nickte verblüfft, Inge und Brigitte desgleichen, und ehe die feindliche Trias sich neu munitionieren konnte, hatten wir uns entfernt.

In der Tür kollidierte ich mit einem großen, rundlichen Herrn mit freundlichen Zügen und lichtem Haar, das, in spärlichen Strähnen nach hinten gekämmt, den Eindruck erweckte, als bedürfe es eines kleinen Wunders, um eine Frisur auch nur anzudeuten. „Verzeihung", schrie er übereifrig und reckte mir seine Hand entgegen. „Ich bin der Philipp", sagte er, auf sympathische Weise devot, strahlte mich an und fügte hinzu, „meine Freunde nennen mich Phil."

Phil hatte ein feistes, nettes Gesicht, weit abstehende Ohren und einen kleinen, schmalen Schnauzbart. Er trug ein farbenfrohes Hemd über einem beachtlichen Bauch, verwaschene Jeans und bequemes Schuhwerk aus Materialien wie sie nur für Menschen verwendet werden, die weit über fünfzig Jahre sind. Phil wippte energisch, nach einem nur ihm bekannten Rhythmus, auf seinen Fußballen. Er hatte offenbar bereits reichlich Sekt und Bier intus und war nun an einem Punkt, den ich grundsätzlich fürchte. Ich wusste, er würde jetzt, ohne dass es sich verhindern ließe, seine ganze Lebensgeschichte erzählen: in der amerikanischen Chronologie, also beginnend mit den jüngsten Ereignissen und endend mit einer Kindheit, die niemand kennen wollte.

Phil nahm mich sofort in Beschlag, zerrte mich zu einer von ihm persönlich angesetzten Waldmeisterbowle, griff ein langstieliges Glas, füllte es bis zum Rand und drängte es mir mit Wucht in die Hand. Eine süße, klebrige Substanz, in ungesundem Grün und mit noch ungesünderem Geruch, schwappte über meinen Handrücken, befleckte mein weißes Hemd, das ich besser nicht angezogen hätte, da nun Phil alles daran setzte, es zu ruinieren. Mit einem groben Tuch sprang er mich an und rieb energisch an den beschmutzten Stellen. Damit war jede Hoffnung zunichte gemacht, über eine spätere, professionelle Reinigung den Schaden zu beseitigen. Phil hing an meinem Arm wie der viel zitierte Affe an der Schaukel und es bedurfte sanfter Gewalt, ihn von dort zu entfernen.

Luise, die amüsiert Phils hoffnungslose Reinigungsaktion beobachtet hatte, flüsterte mir ins Ohr: „Da hast du einen neuen Verehrer gefunden. Ich lasse euch besser allein", und ehe ich etwas einwenden konnte, war sie, mir einen sanften Kuss auf die Wange hauchend, gegangen, um mit Theresa und deren Cousinen zu sprechen.

Phil, der mir sein breitestes Lächeln schenkte, drängte mich zu einem Ecksofa, gab mir einen sanften Stoß und setzte sich, nachdem ich mich, noch immer die Bowle in meiner klebrigen Hand balancierend, umständlich niedergelassen hatte, quer zu mir, mit seinen stämmigen Beinen den einzigen Fluchtweg verstellend. Dann begann er zu erzählen.

„Ich bin lange krank gewesen", er schüttelte leicht den Kopf, „und bin's noch. Weißt du, ich war sehr depressiv." Phils feistes Gesicht legte sich in zahlreiche Falten, was ihm das Ansehen eines melancholischen Hundes gab und mich an meinen Wunsch erinnerte, einen Mops zu kaufen. Das stete Keuchen jener traurigen Kreaturen, die jeden Schritt als Beschwernis erleben und ihr ganzes, meist kurz bemessenes Hundeleben an ihrer mutierten Erbmasse leiden, hatte mich immer gerührt.

Vielleicht war es auch, weil ich wusste, dass Wilhelmine, die Markgräfin von Bayreuth und heitere Schwester des grimmigen Kriegerkönigs Friedrich von Preußen, 1742 die erste Freimaurerloge für Frauen gegründet hat, die als „Mopsloge", weit über die Landesgrenzen ihres Fürstentums hinweg, großes Aufsehen erregte. Alle Logendamen wurden von Wilhelmine dazu verpflichtet, immer einen Mops in kleinen Weidenkörbchen mit sich umherzutragen, wovon auch die wenigen Gemälde erzählen, die von ihr und ihren Hofdamen existieren. Allein der Gedanke daran stimmte mich heiter. Die Gräfin hatte in ihrem nach eigenen Plänen entworfenen kleinen Felsen- und Lustgarten Sanspareil ihrem Favoritenhündchen Folichon ein Grabmal errichtet, um sich bei jedem Spaziergang an ihren geliebten, kleinen Gefährten zu erinnern.

Da sich in Deutschland sonst eher starke, bisswütige Schäferhunde (der morbide „Führer" und Blondi) oder jagdlüsterne Windhunde (Friedrich, der gichtgekrümmte, verbitterte König von Preußen und Biche) großer Beliebtheit erfreuten, stimmte mich die Vorstellung glücklich, dass neben domestizierten Bestien auch schwache, verspielte Wesen dort leben durften, wo die Eugenik im letzten Jahrhundert nur stählerne Muskeln und keinen Liebreiz erlaubte.

Hitlers brutalisierte Kinder hatten große Erfolge gefeiert und mit Brachialgewalt nahezu jede Hoffnung zerstört, Menschen in Deutschland könnten sich menschlich oder empfindsam zeigen. So besehen sind auch die Hundevorlieben eines Volkes sehr verräterisch, und das nicht erst seit Adolf Hitlers Komplott gegen die Menschlichkeit. Wie liebenswürdig und kokett hoben sich da harmlose Menschen ab, die Freude an Möpsen besaßen?

Diese Gedankenspiele setzte Phils in Falten gelegtes Gesicht in mir frei. Schon deswegen konnte und wollte ich ihm meine Sympathie nicht verwehren. „Meine Frau", bekannte Phil, „hat mich vor vier Jahren verlassen. Ich war", Phil senkte den Blick und die Zahl seiner Falten auf Stirn und Wangen schien ins Unermessliche zu wachsen, „nicht mehr zumutbar, so zumindest hat sie gesagt." Phil schluckte heftig, als würgte er an etwas unsagbar Großem in seiner Kehle, rang nach Atem und sagte mit erstickter Stimme, „und danach ging alles recht schnell." „Schnell?", fragte ich leise, „was ging schnell?" „Mein Absturz, der totale Absturz. Ich war fertig, verstehst du, vollkommen fertig." Phil starrte auf seine fleischigen Hände und begann zu weinen. Er schien geübt darin und schämte sich seiner Tränen nicht.

Zwei, drei Gäste, die es mitbekamen, schauten ihn neugierig an, verließen dann aber schnell das Zimmer, als sie erkannten, dass unschöne Szenen folgen würden. Um einen Raum für sich alleine zu haben, genügt es in der Regel, mit tränenerfüllten Augen um sich zu schauen. Schon ist man isoliert und alleine, zumindest ab einem gewissen Alter.

Phil ließ das alles ungerührt. Er weinte weiter, in gleichmäßigen Intervallen, mit einer Selbstverständlichkeit, die mir fremd und auch peinlich war. „Die Leute sagen oft, die Kinder litten am meisten, wenn eine Ehe kaputt geht, in meinem Fall jedoch", Phil betonte das „mein" mit großem Nachdruck, „war es anders. Komplett anders sogar. Meine Kinder", bekannte ein konsternierter Phil, „haben es als Erlösung erlebt, als ihre Mutter mich verließ. Ich selbst aber komme kaum darüber hinweg. Allein zu sein ist wirklich schrecklich." Phil hatte unbewusst den eigentlichen Grund seiner Verzweiflung genannt.

Wie viele seiner Leidensgenossen litt er nur wenig darunter, dass ein vorgeblich lange geliebter Mensch ihm den Dienst quittierte. Worunter er litt, war das Alleinsein. Er hatte es nie gelernt, auf gute Weise allein zu sein. Phil irrte nun durch das vierundzwanzigstündige Labyrinth seiner Tage, verzweifelt, gehetzt und inbrünstig betend, es möge irgendjemand – denn es genügte ein irgendjemand, wählerisch war er längst nicht mehr – da sein, um das Alleinsein zu beenden.

Phil war so symptomatisch wie exemplarisch für zahllose Menschen seines Alters, deren Ehen zerbrechen. Das nahe Alter lastet schwer auf Seele und Körper und schürt Ängste vor Tod und Einsamkeit. Die guten Jahre hingegen liegen längst zurück und die Gegenwart scheint so bedeutungslos wie ein gestempeltes Bahnticket. Alles hat seinen Wert verloren, alles scheint einzig da zu sein, um an den erlittenen Verlust zu erinnern. Nur wenige Männer und Frauen in den Fünfzigern lieben ihre Frauen und Männer. Die meisten wollen ohnehin keine Liebe, die meisten ersehnen Verpflichtung.

Phil schnäuzte sich heftig, legte mir seine Hand auf den Schenkel, räusperte sich und sagte: „Darum mache ich Therapien. Eine Psycho- und eine Verhaltenstherapie. Beides. Doppelt hilft besser, nicht wahr?" Ich schaute ihn prüfend an, besann mich kurz und fragte: „Hast du dich lange suizidal gefühlt?" „Ja, lange, sehr lange." Phil nickte mit beängstigender Vehemenz. Als ginge es darum, Richter der Inquisition von seinen Leiden zu überzeugen, presste er nun auch noch beide Hände gegen sein Herz und sagte, leise schluchzend, „manchmal will ich auch jetzt noch tot sein." Tatsache war jedoch, dass alles, was er suchte und brauchte, lange Haare und zwei Brüste besaß.

Seine Blicke hatten von Beginn an Theresas Wohnung wie Sonden nach potentiellen Gespielinnen abgetastet, Quadrant um Quadrant. Als käme ihm, wie einem Forscher im Weltall, die Aufgabe zu, organisches Leben zu finden. Er war ausgehungert. Der Wolf starrte ihm aus den Augen. Auch wenn er harmlos erscheinen mochte, seine Gier nach weiblichen Körpern war unsagbar groß. „Meinst du", er wechselte plötzlich das Thema, als habe er meine Gedanken erahnt, „Theresa könnte sich für mich interessieren?" Nun wusste ich nicht viel über Theresa, doch dass sie nach einem Mann suchte, der ihren Liebes- und Sex-Hunger stillen sollte und nicht umgekehrt, lag auf der Hand. Dennoch war ich höflich und blieb eher vage in meiner Antwort: „Das kommt wohl darauf an, was ihr gemeinsam habt." „Wir haben viel gemeinsam", sagte er hoffnungsfroh, zerrte mich aus dem Sofa und führte mich an Theresas Esszimmertisch, worauf unter zahlreichen, weitgehend lieblos ausgesuchten Gastgeschenken wie hässlichen Gläsern, Vasen und Porzellanfiguren ein langer, geschmackloser Plastikbilderrahmen lag, der offenbar eine Gouache-Zeichnung von Phil umschloss. „Das habe ich gemalt", sagte Phil, mit sichtlichem Stolz, deutete mehrmals auf die farbenfrohe Darstellung lachender Engel und fragte harmlos: „Magst du die Widmung hören?" Ohne meine Antwort abzuwarten, begann er mit Pathos vorzutragen: „Für Theresa, eine tolle Frau, die ich gern habe, von nah, aber auch von fern. Wenn Du deinen stolzen Hals nach

oben biegst, so sieht man gleich, dass deine Schönheit immer siegt..."
An den Rest kann ich mich nicht erinnern, doch weiß ich noch, wie mir kalter Schweiß auf die Stirn trat, als er mich mit seiner ausufernden Widmung traktierte. Kaum etwas greift mich mehr an als die holpernde, vergewaltigte Volksstrophen-Lyrik für den familiären Festtagsgebrauch. Sie erinnert mich an die Rubrik „Vermischtes", die obszönerweise in den Tageszeitungen den Todesanzeigen beigesellt ist. Als gäbe es keinen Unterschied bei den inserierten Inhalten. Die Glückwünsche für Oma Inge zu ihrem 80. Geburtstag und zu Hochzeiten oder zur Geburt eines neuen Erdenbürgers stehen an gleicher Stelle wie die Kondolenzzeilen zu all den Dahingeschiedenen der vergangenen Woche, bizarr vermengt, doch ohne dass es jemanden empören würde.

Phil, der unerbittlich Holpervers um Holpervers vorsagte – er konnte sie alle auswendig –, war für mich zu Munchs schreiender Todesfratze geronnen, die sich, den Mund zu einem empörten Oval geformt, in Paroxysmen verliert.

Die Hände gegen zwei imaginäre Ohren gepresst, versuchte sich die bleiche Schreckensgestalt vor Visionen zu retten, die Wirklichkeit zu werden drohten. Leider blieb es mir versagt, mit meinen Händen eine phonetische Barriere errichten zu können und so konzentrierte ich mich auf das Auf und Ab seiner Lippen und ignorierte jedes atonale Wort, das Phils Mund verließ.

Endlich angekommen am Schluss seiner Theresa-Eloge legte er das Bild zurück, nahm mein geheucheltes Lob mit Freuden entgegen und verbeugte sich leicht. „Leider wart ihr noch nicht da, als ich es zum ersten Mal präsentiert habe. Glaubst du Luise will das Bild auch noch sehen?" „Prima, Phil, wirklich, fantastisch", sagte ich, seinen Hinweis auf Luise bewusst ignorierend, „wirklich begabt." Wie leicht es bisweilen fällt zu heucheln, erstaunt mich immer wieder. Wenn das Gegenüber kein Interesse an der Wahrheit besitzt, gibt es auch keinen Grund, sich an den Fakten zu orientieren. Fakten sind die Götzenbilder unserer Zeit. Jeder beschwört, beruft und fordert sie. Obgleich sich keiner für ihren Wahrheitsgehalt interessiert, betet sie jeder an. Es scheint, als wüchse ihr Nimbus, weiter und weiter, ins Unermessliche. Wie die heiligen Kühe der Hindus trotten sie durch die Straßen unserer weltweiten Berichterstattung, ohne berührt zu werden und damit auch unerkannt und sich selbst überlassen.

Phils Wahrnehmung war hermetisch; sie kannte keine Bruchstellen und war damit für immer und ewig versiegelt. Was immer ich ihm sagen würde, war ohne Belang. Wie so viele Menschen meines Alters gab er sich auf alle Fragen die ewig gleiche Antwort trostloser Unzufriedenheit, mit sich und der Welt. Phil begann mir lästig zu werden. Mein Altruismus hatte sich erschöpft. „Komm"", bat ich ihn, „lass uns eine rauchen gehen." „Eine rauchen?", lachte er meckernd, „und wo sind die heißen Mädels?" Ich unterdrückte meinen Impuls, ihm eine hässliche Antwort zu geben, lächelte gequält, hieb ihm meine Hand mit Schwung auf den Rücken, genoss seinen Schmerz und schob mich an ihm vorbei, in ein kleines, lärmerfülltes Zimmer, wo Theresa und zwei ihrer Freundinnen saßen, Shisha rauchten und Aperol Spritz tranken.

Theresa winkte mich zu sich und als ich mich herabbeugte, um sie besser zu verstehen – die Boxen dröhnten in einem fulminant lärmenden Beat –, nahm sie meinen Kragen, zog mich an ihre Brust, blies mir ins Gesicht und grollte leise: „Schade drum, dass einer wie du nicht mehr zu haben ist. Ich hätte dich gerne vernascht." Mehr perplex als angeekelt befreite ich mich aus ihrem Griff, wandte mich um, verließ hastig das Zimmer und stolperte fast über Phil, der mittlerweile auf dem Boden hockend, Inge, Brigitte, Tamascha und ihren zwangsläufigen Rüdiger mit Erklärungen zu Johnny Cashs Werdegang beglückte. „Clemens", rief Phil erfreut, „ich erläutere Johnny Cashs Philosophie. Magst du zuhören?" Ich schüttelte nur den Kopf, zwängte mich an Rüdigers missfälligen Blicken vorbei, grüßte seine drei Damen mit ironischer Grimasse und suchte gehetzt nach Luise.

Als sie mich sah, begriff sie sofort, wurde ernst und schüttelte mit unnachahmlicher Lässigkeit zwei geschwätzige Herren ab, die ihr offensichtlich den Hof machten. „Mein Herz", sagte sie nur, „wir gehen heim." Sie nahm meine Hand, ging wortlos zur Garderobe, half mir in den Mantel, warf sich ihren eigenen über die schmalen Schultern und lotste mich durch die ständig steigende Zahl eintreffender Gäste.

Die Leute wichen zurück, ohne dass Luise ein Wort hätte sagen müssen, ganz so, als gäbe sie lautlose Anweisungen, welchen jeder Folge leisten musste. Das, so dachte ich, ist die Magie, von welcher so viel geredet und so wenig gewusst wird.

Endlich an der frischen Luft, schüttelte es mich gewaltig und Luise, die noch immer kein weiteres Wort gesagt hatte, zog mich nahe an sich heran, gab mir einen sanften Kuss und flüsterte, mit winterlichem Hauch vor den Lippen, „du und ich, wir zwei, werden niemals wie diese Menschen sein. Vergiss das nicht. Du und ich, wir zwei, sind ewig, sie sind es nicht." Und in die jetzt entstehende, alles erklärende Stille drang nur mehr ein Satz von Luise, der mich an jedem Tage neu erlöst: „Unsere Liebe ist ein Anfang ohne Ende."

11. Die Ungarin *oder* Csárdás-Melodie

Fünfzigjährige Leser werden sich an Marika Rökk noch verschwommen erinnern. Die Csárdás-Königin der Nationalsozialisten, die sich nichts mehr gewünscht hatte, als mit ihren Schmonzetten dem „Führer" Augenblicke der Zerstreuung zu schenken, hatte jenen Akzent, der dem Deutsch der Ungarn eine charmante Note verleiht. Der amüsante Singsang jener Ungarn, die Deutsch erlernen, und das meist auf unnachahmliche Weise, ist, wie ihre ständig modulierende Klangfarbe bei vokalreichen Worten, eine Besonderheit, die nur die Magyaren auszeichnet und die sie oft sympathischer erscheinen lässt, als sie tatsächlich sind.

Fanni, unsere Bezirksleiterin, geboren in Österreich, schulisch sozialisiert in Ungarn, beruflich aber, nach einem kurzen Budapest-Intermezzo, lange in München, Hamburg und Köln als Dispositions-Managerin tätig, ist phonetisch besehen reizend, semantisch hingegen ein schwarzer Stern – eine bedrohliche Singularität, die alles verschlingt, was ihr nahekommt. Gäbe es so etwas wie ein verbindliches Prinzip sprachlicher Gravitation, so besäße Fanni die Fähigkeit, bestehende Gesetze und Regeln zu zerstören.

Ihre Bosheit ist doppelt gefährlich, denn ihre Bosheit ist weniger persönlich als vielmehr universell, ausgenommen ihr Gesprächspartner entschließt sich dazu, ihren Krankheitsgeschichten zu lauschen. Fanni, die ewig gesunde, doch leidende Fanni, lebt ein Dasein zwischen Pschyrembel und Arbeit, und beides dient allein dazu, ihr Gewissheit zu geben, dass nichts auf Erden geschehen kann, ohne sie zu betreffen.

Fanni hatte in einer ultranationalistischen Kleinstadt mit unaussprechlichem Namen BWL, Biologie und Theologie auf Lehramt studiert und dann, wenn auch nur für zwei Jahre, Kinder darin unterrichtet, Wirtschaft, Evolution und Katholizismus in Gleichklang zu bringen. Die kleinen Ungarn mussten erfahren, dass Darwin zwar existiert, aber nicht verstanden hatte, wie mächtig der Allmächtige in alles hineinregiert, was uns umgibt.

„Die Genesis", erklärte Fanni erst von kurzem ihren Kollegen am Mittagstisch, „ist keine Erfindung. Die Genesis ist eine Tatsache, so sicher wie meine Laktoseintoleranz." Doch Fanni ließ es nicht mit dieser kühnen Analogie bewenden. Sie bildete nur den Auftakt zu einem furiosen Parforceritt durch die Niederungen ihrer Peristaltik. „Meine Darmflora ist ganz perforiert", verkündete sie, beseelt von ihrer furchtbaren Konstitution. „Überall siedeln sich antibiotikaresistente Bakterien an. Erst gestern habe ich nach dem Abendessen blutigen Kot und Auswurf gehabt." Fanni sprach wirklich von „blutigem Kot und Auswurf" und ihr leicht dümmliches Gesicht, das, sobald Ernährungsfragen thematisiert werden, fanatische Züge erhält, begann zu leuchten.

Fanni liebt es, ihre Unverträglichkeiten detailliert und sachkundig zu referieren. Eine Bekannte von ihr, die – aus reinem Altruismus – den Fehler beging, sie zum Abendessen einzuladen, fragte sie, was genau sie beachten müsse, um Fannis Unverträglichkeiten gerecht zu werden. Die Antwort kam postwendend. „Danke für deine Einladung", schrieb Fanni. „Zu deiner Frage, was Lebensmittelvorlieben, Aversionen oder Unverträglichkeiten betrifft, solltest du Folgendes wissen: Ich habe eine Laktoseintoleranz und so meide ich milchbasierte Speisen und Getränke. Ich esse auch keine gehärteten Fette; selbst Margarine nicht. Darüber hinaus konsumiere ich weder Essig noch Industriezucker, sondern nur Zitronensaft. Meeresfrüchte sind tabu. Guten, frischen Fisch hingegen esse ich leidenschaftlich gern. Fleisch esse ich nur aus artgerechter Tierhaltung. Darüber hinaus widerstreben mir einige Speisen einfach. Sie alle aufzuzählen, besäße wenig Sinn. Fertiggerichte, Saucenpulver oder Flüssigkeiten mit Natrium oder Glutamat-Zusatz sind indiskutabel. Bei Getränken kommen einzig Wasser und gelegentlich Wein infrage. Bei Weinen präferiere ich trockene Weißweine, idealerweise aus dem Süden

Apuliens. Rotweine sind meist weniger bekömmlich, doch kenne ich einen sizilianischen Primitivo, den ich gut vertrage. Prinzipiell gilt: kein Bier, keine Säfte, keine Cola oder Limonade. Bitte, lass dich nicht irritieren. Es hört sich etwas kompliziert an, aber im Alltag ist es nicht weiter schwer, auf toxische Produkte zu verzichten, da sie nur einen Bruchteil jener Lebensmittel ausmachen, die uns allen zur Verfügung stehen. Es wird gewiss etwas geben, das auch ich essen und trinken kann. Da verlasse ich mich einfach auf dich." Fannis Bekannte war fassungslos, revidierte ihre Einladung unter fadenscheinigem Vorwand und ließ sich nie mehr dazu verführen, Fanni, für was auch immer, in Betracht zu ziehen, denn sie wusste, diese Frau glich einem religiösen Fanatiker, der selbst verneint, wenn er bejaht.

Wie Jeanne d' Arc wurde Fanni, sobald die Sprache auf ihr Befinden kam, zum Ab- und Zerrbild ihres leidenschaftlichen Glaubens, nur, dass ihr Gott nicht über sie wachte, sondern in ihren Gedärmen lebte. Die Monstranz ihres Glaubens war ihr Magen-Darm-Trakt. Ihre größte und einzige Hoffnung aber war es, endlich eine physiologische Ursache für ihr seelisches Elend zu finden, da sie jede psychische Problematik entschieden von sich wies: „Nur weil die Ärzte keine somatischen Ursachen für meine Beschwerden finden, heißt das nicht, ich wäre verrückt." Fanni war sich sicher, dass Ärzte, die ihr empfahlen, einen Psychologen aufzusuchen, keine Ahnung hatten von ihrem Beruf.

„In Ungarn", klärte uns Fanni in ihrem singenden Tonfall auf, „haben die Bluttests zu ganz anderen Ergebnissen geführt als in Deutschland. In Ungarn sind sie sich sicher, dass es Krebs ist. Wahrscheinlich Hautkrebs, vielleicht auch Darm- oder Lungenkrebs, in jedem Fall Krebs." In Fannis Augen begann es zu leuchten. Die Diagnose Krebs stimmte sie augenscheinlich heiter. „In meiner Familie bekommt jeder Krebs", betonte sie hartnäckig, bei jeder sich bietenden Gelegenheit. Ganz gleich, wer sie – aus Naivität oder Gedankenlosigkeit – nach ihrem Befinden fragte, keiner entkam ihren Krebs-Diagnosen.

Bei einer Firmenjubiläumsfeier musste ich einmal den Abend an Fannis Seite verbringen, die, gehüllt in eine Wolke aus Knoblauch, schlechter Verdauung und Mottenkugeln, missmutig auf die Teller blickte, die auf- und abgetragen wurden, mit unserem festlichen Menü, das ihr versagt bleiben musste. „Das darf ich alles nicht essen", bemerkte sie traurig. „Nichts davon ist für mich, und warum? Bin ich denn wirklich so krank?" Mir schien, als öffne sich ein schmaler Spalt der Selbsterkenntnis in Fannis Visier, hinter dem sonst nichts lebte als Verdruss und Unzufriedenheit mit der Welt. Fanni tat mir leid, wenn auch nur kurz, ehe ich mich daran erinnerte, wie viele Menschen sie mit ihren perfiden Launen und Misanthropie-Attacken unerbittlich quälte. Eine boshafte Ironie nahm stattdessen von mir Besitz. „Vielleicht, liebe Fanni, wäre das alles auch für dich, wenn du erkennen würdest, woran du wirklich leidest", meine Stimme hatte die mattierte, sonore Klangfarbe angenommen, von welcher ich wusste, dass sie bei fast allen Frauen über vierzig Sympathie und Vertrauen erweckte. Fannis trübe Augen blickten mich traurig und fordernd an. „Was meinst du", seufzte sie leise, nahe an meinem Gesicht und damit den schlechten, fauligen Atem in meine Nase hauchend, der auf ihre fragwürdigen Ernährungsgewohnheiten zurückging. „Ich meine, du solltest dich fragen, was du wirklich willst. Thorsten" – ihr trostloser Mann, dessen Vorliebe für grellfarbige Hemden das einzige Merkmal war, das ihm Persönlichkeit gab – „tut sich schwer mit Kindern, nicht wahr? Du aber willst ein Kind mehr als alles andere auf der Welt." Fanni erstarrte, nahm, als folge sie einem nur ihr vernehmbaren Befehl, Haltung an, ging zu mir auf Distanz, knurrte wie ein transsilvanischer Wolf – so zumindest meine Vermutung – und fauchte mit harter Stimme: „Thorsten kann nichts dafür. Er leidet unter einer vegetativen Dysfunktion, die erblich bedingt ist."

Fannis Mann Thorsten hatte kurze Zeit für ein Tochterunternehmen unseres Konzerns gearbeitet und dann, überfordert von den Ansprüchen, welche die deutsche Sprache und seine Funktion als Finanz- und Logistikchef an ihn stellten, das Unternehmen verlassen müssen.

Thorsten ging, wie es seinem Naturell entsprach, unter lautem Protest und bis zum Ende unbedingt ordinär: „Ich hab' hier geschuftet wie eine Nutte an der Copacabana. Und jetzt kickt ihr mich raus? Elendes Dreckspack", hatte er im Eingangsfoyer proletet, als er eines Morgens mit einer fristlosen Kündigung überrascht wurde, die ihn zwang, seine Firmenschlüssel sofort auszuhändigen und das Unternehmen ohne Verzug zu verlassen.

Thorsten hatte auf seine Weise recht. Die neue Konzernleitung hatte ihn benutzt, erste, radikale Schritte bei der Übernahme des Tochterunternehmens zu organisieren. Thorsten sollte sie in eigener Regie vornehmen und damit von der Tatsache ablenken, dass die Konzernleitung diese Maßnahmen wollte und somit auch verantwortete. Thorsten hatte das nicht durchschaut, sondern geglaubt, ihm käme damit besondere Autorität zu. Seine verminderte Intelligenz und seine Unfähigkeit, zu abstrahieren, waren offensichtlich.

Jeder, der ihn fünf Minuten schwadronieren hörte, wusste, woran es ihm mangelte. Thorsten war kein schlechter Junge, nur dummerweise in eine Position gezwängt, die Fanni ihm mit viel intrigantem Geschick und unermüdlicher Penetranz vermittelt hatte, weil sie dachte, auf diesem Wege eröffne sich ihrem Mann eine Karriere, die ihr angemessen, ihm unmöglich und jedem Dritten absurd erschien.

Ein-, zweimal hatten Thorsten und ich gemeinsam abends ein Bier getrunken, und er, in seiner fast beunruhigenden Naivität, hatte mir alles erzählt, von Fanni, seiner Frau, seiner Angst, bei ihr zu versagen, und den Affären, die er hatte, um sich, trotz der heimischen Impotenz, noch als Mann fühlen zu dürfen. Thorsten war Fannis Problem, so wie Fanni das größte Problem für Thorsten war, denn beide wollten, was der andere nie geben konnte. Ein fast klassisches Muster konventioneller Ehen ohne Hoffnung auf Erlösung.

Mittlerweile hat sich der Rauswurf für Thorsten als sehr segensreich erwiesen, da er heute, als nachgeordneter Teamchef eines nachgeordneten Versandhandels, einer Arbeit nachgeht, die ihm und der er weit eher gerecht wird.

Als vormaliger Stapelfahrer eines tschechischen Speditionsunternehmens hatte er eine beachtliche Karriere gemacht, die ihm erlaubte, einen Anzug statt eines Blaumanns zu tragen – und das war alles, wovon er, das arme Berliner Arbeiterkind mit qualifiziertem Hauptschulabschluss, immer geträumt hatte.

Fannis heimlicher Traum, ein Kind zu haben, wurde zwischenzeitlich durch den Kauf eines Pferdes vornehmer Herkunft, wenn auch nur unzureichend, kompensiert. Umso boshafter war es von mir, Fanni genau daran zu erinnern.

„Die Araber", gab ich Fanni mit ernstem Gesicht zu verstehen, „glauben, eine Frau ohne Kind gleiche einem vertrockneten Brunnen. Was du brauchst, liebe Fanni, ist keine vegane Ernährung, was du brauchst ist ein Kind, das du aufwachsen siehst." Fanni begann zu weinen, leise und unangenehm berührt von der Erkenntnis, dass ich recht haben mochte. Dieser kurze Moment unserer Intimität wurde jedoch dann schnell wieder verschüttet von ihrer pathologischen Sehnsucht, Krebs zu haben. Fanni, die seit ich sie kenne, zahllose Ärzte konsultiert hat, ersehnt eine alles verändernde Diagnose wie andere Menschen ihres Alters ihren Sommerurlaub und sie ist nicht allein damit.

Viele Menschen zwischen vierzig und fünfzig suchen nach der Erlösung aus ihren alltäglichen Verpflichtungen, viele Menschen meines Alters ersehnen nichts mehr als das Ende ihres Arbeitslebens. Nichts scheint mir mehr Hinweis und Indikator für den größten Mangel meiner Generation: den Mangel an Phantasie.

Wir alle, die wir nahe der Fünfzig tagtäglich unsere Körper am frühen Morgen aus der Insektenstarre der Nacht erheben, um zur

Arbeit zu gehen, haben längst vergessen, wie endlich das Leben und wie unendlich unsere Dummheit ist, diese Tatsache zu ignorieren.

Galeerensklaven auf Schiffen ohne Bestimmung befahren wir eine See der Arbeit, deren steter Wellengang zu laut ist, als dass wir noch hören würden, was die Vernunft uns lehrt. Wir alle wären gut beraten, achtsam zu sein, mit dem, was wir tun, und achtsam zu sein, dass uns nicht kostbare Augen-Blicke der Schönheit für immer entgleiten.

Wir alle tendieren dazu, aus Dünkel oder Gewohnheit unorthodoxes Handeln als sinnloses Wagnis zu verwerfen. Obwohl uns eben dieser Konventionen brechende „Unsinn" die längst verlorene Freiheit wieder zurückgäbe, das zu tun, was uns glücklich macht, nehmen wir teil am Gottesdient lustfeindlicher Arbeitsjunkies.

Es sind immer die Falschen, welche uns glauben lassen, Schönheit und Glück müssten verdient werden und die Rente sei das rettende Eiland für all die fleißigen Seeleute, die, an jedem Tag neu, die Ozeane merkantilen Gewinns befahren, ohne zu wissen, welcher Lohn sie erwartet.

Ein Sudanese, der aus seiner zerstörten Heimat zu uns geflohen ist, meinte nur, von mir danach befragt, wie er die Lebensweise meiner Generation bewerte: „Ihr ignoriert selbst unbeschreibliche Wunder. Bei euch kommt klares Trinkwasser aus der Wand. Dennoch seid ihr unzufrieden. Immer klagt ihr über eure Lebensumstände. Altern ist für euch eine Strafe, kein Geschenk. In meiner Heimat sind Menschen über fünfzig eine Rarität. Die meisten verhungern bereits in jungen Jahren. Oder bekommen Cholera oder Ruhr, weil nahezu jede Wasserstelle vergiftet ist. Viele sterben an den Folgen eines Krieges, den sie selbst weder begonnen haben noch führen wollten."

Vielleicht ist es so, dachte ich, dass wir alles haben und nichts zu schätzen wissen. Vielleicht ist es so, dachte ich, dass uns alles belanglos erscheint, was uns eine Ausnahmestellung in der Welt verleiht. Die Wahrheit meiner Generation ist die Wahrheit dekadenter Wohlstandsbürger. Je besser es uns geht, desto mehr begehren wir einen Zustand der Hoffnungslosigkeit. Fanni ist nur der Kontrapunkt, nicht der Kern unserer Dummheit. Ich werde mich hüten, mein Glück infrage zu stellen, denn es ist, ganz gleich, wie gesund oder krank ich bin, vollkommen.

Fanni aber würde Glück und Freiheit niemals kennenlernen. Fanni würde, das stand außer Frage, weiter auf ihr persönliches Unglück dramatisch beharren. Ihr Leben durfte nichts anderes sein als ein Martyrium, das keinen Erlösungsgedanken kannte. Alles, das ihren Passionsgang berührte, musste zugrunde gehen, wenn auch auf skurrile oder komische Weise, denn Fanni verlieh selbst dem Sterben eine groteske Note.

So war es ihr nicht genug, dass ihr erst jüngst erworbener Lewitzer Hengst überraschend verstarb. Sein Ableben wurde zu einem Triumphzug exklusiver Krankheiten stilisiert, die sich in keinem medizinischen Lexikon finden. „Edgars Niereninsuffizienz war hypertroph-manifest", ließ sie mich, wenige Tage nach dem herbsten Verlust ihres Daseins, wissen. „Seine Leukozyten", schluchzte Fanni Mitleid heischend, „haben sich verklumpt und schließlich jede Arterie zerstört." Das „jede" stieß sie heftig hervor, mit schmerzlich gekrümmtem Oberkörper, der, wäre es ihr nicht gelungen, sich mit theatralischer Geste auf ihrem Schreibtisch abzustützen, seine Balance verloren hätte.

Fanni liebte, ersehnte, begehrte und suchte das Elend obsessiv, doch sie kannte es nicht. Ein Tag tatsächlichen Elends hätte sie schnell gelehrt, dass Trauer und Krankheit böse Geschwister sind, die, einmal zu Besuch, nie wieder gehen wollen und keine anderen Gäste neben sich dulden.

Sie hatte das Verhalten afrikanischer Klagefrauen, doch sie hatte keinen wirklichen Grund für deren lärmenden Kummer. Eine Verzweiflung, die erklärbar gewesen wäre, hätte Fanni wohl selbst am meisten überrascht.

„Ihre Verzweiflung entsteigt dem tiefen Schacht ihrer Gebärmutter, ihre Verzweiflung ist der Trauergesang jener Frauen, die einen Verlust beklagen, den sie nur unbewusst erleben", hörte ich mich erstaunt einem neuen Kollegen Fannis psychische Anomalie erklären. „Ihre Verzweiflung ist ein wilder, fordernder Schrei nach Anerkennung ihres Geschlechts", warb ich herzerweichend, als müsste ich den Kollegen von Fannis wunderbarem Charakter überzeugen. „Fanni will ein Kind, kein Pferd. Fanni trauert nicht um ein totes Pferd, Fanni trauert um das nie geborene Kind, von dem sie weiß, es hätte ihr eine kurze Phase des Friedens geschenkt", gab ich ihm und mir eine sentimentale Erklärung dafür, warum Fanni kein Ende fand, uns mit bizarren Details über das Ableben ihres Hengstes zu belästigen. „Fanni ist nicht etwa verzweifelt, weil sie niemand liebt. Fanni ist verzweifelt, weil sie niemand lieben kann, ausgenommen des toten Pferdes und nie geborenen Kindes vielleicht."

Fast wäre ich meiner hübschen Dialektik selbst erlegen – fast, bis ich Fanni unfreiwillig dabei belauschte, wie sie einer ihrer Mitarbeiterinnen Instruktionen gab, leise, in ihrem ungarischen Singsang, als handle es sich um nur harmlose Hinweise: „Wenn nicht bis 11 Uhr die Präsentationsunterlagen finalisiert auf meinem Schreibtisch liegen, werden Sie keine Gelegenheit mehr haben, neue Ausflüchte für Ihr Versagen zu ersinnen. Das Dossier Ihrer Versäumnisse ist größer als sie ahnen und jeder Ihrer Fehler wurde schriftlich dokumentiert. Eine Abmahnung ließe sich demnach in einer Minute aufsetzen", drohte sie der armen Frau emotionslos, „und dann ist Ihr Job weg. Ich werde Sie anzeigen. Wegen Diebstahls und unbefugter Weitergabe diskreter Firmendaten. Auch dafür gibt es Beweise. Begreifen Sie, was das heißt? Sie bekommen nie wieder eine Arbeit. Also dalli, sonst wird's knapp." Ich war so sprachlos wie Fannis Mitarbeiterin und fühlte mich ein wenig wie jener junge, amerikanische Captain, der in Francis Ford Coppolas filmischem Kriegsepos „Apocalypse Now" den Auftrag erhält, einen verrückt gewordenen Oberst inmitten des vietnamesischen Dschungels auszuschalten.

Dieser Oberst – Oberst Kruger –, von Marlo Brando so unnachahmlich grandios gespielt, besitzt die fragwürdige Gabe, selbst die schlimmsten Befehle distanziert, ohne Gefühlsregung und vollkommen desinteressiert zu erteilen. Sein Gesichtsausdruck ist dabei auf bedrückende Weise heiter; er zeigt, dass für Menschen tatsächlich die Möglichkeit besteht, jeden Konnex zur Menschheit zu verlieren, und Fanni ist – wie Oberst Kruger – ein Wesen von kalter, gefühlloser Monstrosität.

Jeder von uns kennt zumindest eine solche Monstrosität, und in der Regel ist sie zwischen 40 und 50 Jahren, denn die meisten Pathologien werden in dieser Lebensphase unumkehrbar manifest. Mit Fanni aber spreche ich nur noch unter Zeugen.

12. Der Sozialmanager *oder* Der Burn-out lauert an jeder Ecke

Prinzipiell ist der Non-Profit-Bereich ein Sammelbecken trauriger Kameraden, die, wenn sie sich progressiv fühlen, einen Chic entwickeln, der seinesgleichen sucht. Ein besonders schönes Exemplar dieser Gattung ist Mathias Klitsch.

Klitsch, einen Sozialmanager neuen Typs, durfte ich unlängst, an einem Donnerstag zur Mittagszeit, in einem Lokal ganz in der Nähe seines Unternehmens, treffen.

Seine Organisation setzte sich dafür ein, sozial und verhaltensauffälligen Menschen bei ihren Integrationsbemühungen zu unterstützen, das zumindest hatte ich der Internetpräsenz seiner NPO entnommen, die fröhlich davon erzählte, dass jeder Psychopath und gewaltbereite Charakter sich bessern könne, wenn er nur Veränderungsbereitschaft zeige. Veränderungsbereitschaft zu signalisieren ist jedoch kein Garant für ein künftig gewaltfreies Leben von Personen, die jede Grenze überschritten und die Existenz anderer Menschen zerstört haben.

Klitsch mochte das egal sein. Klitsch besaß, das lehrte ein Blick auf ihn, keine Probleme, die aus Nachdenken resultieren. Sein Auftreten war charakteristisch für seinen Berufszweig und viele seiner Akteure.

Von Schwarzenegger-Statur, skurril überformt und um jeden Hals gebracht, hatte er sich dazu entschlossen, ein eng tailliertes Hemd zu tragen, das seinen aufgeplusterten Bizeps betonte. Klitschs Bizeps wirkte wie eine muskuläre Verirrung, da sich der restliche Körper, ungeachtet seiner anabolikagespeisten Athletik, bereits seit längerer Zeit darauf vorbereitete, endlich die Phase leichter Aufschwemmung hinter sich zu lassen und ungehemmt zu degenerieren. Der Hosenbund seiner grünen Stretch-Jeans war bereits verdächtig tief in den Schritt gerutscht und es bedurfte keiner großen Phantasie, um sich vorzustellen, wie dieser Körper zu einem Tempel der Adipositas werden würde.

Mathias Klitsch zeigte wenig, Mathias Klitsch zeigte schlechte, Mathias Klitsch zeigte keine Haltung.

Er ging leicht vornübergebeugt, mit baumelnden Armen und schlurfenden Schritten. Es schien ihm viel Mühe zu bereiten, seine Füße zu heben. Sein Gang und Gebärdenspiel erinnerten sehr an das Verhalten uns besonders nahestehender Primaten. Ein Eindruck, der durch seine ausgeprägte Körperbehaarung noch unterstützt wurde. Sein Kopfhaar spross und gedieh in ungezügelter Fülle und musste durch Dreadlocks gezügelt werden. Selbst auf den Handrücken wucherte Haar und der Nacken war kaum zu erkennen. So sehr sich Klitsch bemühte, gepflegt zu erscheinen, so sehr scheiterte er daran, das Alter phänotypisch auf Abstand zu halten.

Er war über fünfzig, was auch an den tiefen Stirnfalten und der schlaffen Struktur seiner grobporigen Wangen kenntlich wurde, die seinem großflächigen Gesicht das Aussehen einer älteren Frau verliehen.

Klitschs Händedruck war wie fleischiges Wasser – diese Metapher trifft exakt die Konsistenz eines Händedrucks, der sich kaum vergessen und nur durch zahlreiche Waschungen neutralisieren lässt.

Klitsch mochte mich von Beginn an nicht, ich mochte Klitsch von Beginn an nicht, und so warteten zwei Stunden qualvoller Konversation auf uns, die für mich alles umschließen sollten, was staatlich organisierte Sozialarbeit bedeutet.

„Danke, dass Sie Zeit gefunden haben für dieses Treffen", gab ich mir Mühe, freundlich zu wirken. „Ich habe einige Fragen, die ich gerne mit Ihnen besprechen würde." Klitsch grimassierte heftig, kniff seine Augen zusammen, nahm die silbern gerahmte Brille ab, knetete energisch seinen Naserücken, zog die Speisekarte an sich und räusperte sich laut. „Tja, ich hatte wohl keine Wahl, nicht wahr?" Offensichtlich wollte Klitsch einen Scherz machen, offensichtlich war ihm das nicht gelungen. Ich überging seinen Fauxpas, rief nach der Bedienung und orderte uns eine Flasche Wasser, was mir eine neuerliche Grimasse meines Tischgefährten bescherte, der nun, durch die große Vielfalt der Speisen animiert, seine Bestellung aufgab, wohl wissend, dass es an mir sein würde zu zahlen.

„Ich nehme vorneweg Scampi, einen Mailänder-Salat, die Melone mit Schinken und ein großes Bier – frisch gezapft." Klitsch hustete heftig, ehe er mit seiner Bestellung fortfuhr. „Zum Hauptgang den Fisch, aber mit Kartoffeln, nicht Nudeln. Einen halben Liter Chardonnay und zum Nachtisch das Tiramisu, dunkel, nicht hell", er grinste, luchste ungerührt in das Dekolleté der Bedienung und wurde mit einem Mal kämpferisch. „Sie haben Glück", gab mir Klitsch arrogant zu verstehen. „Eigentlich treffe ich nach Donnerstagvormittag niemanden mehr, sonst", Klitsch nickte mehrmals, um seiner Aussage den gebotenen Nachdruck zu geben, „wäre mein Wochenende passé."

Dieser staatlich alimentierte Manager, dachte ich, managt wohl primär sich, seine Heimreisen und seine Freizeit. Als habe Klitsch meine Gedanken gehört, ließ er keinen Zweifel darüber bestehen, worum es ihm ging: „Work-Life-Balance ist wichtiger als die meisten wissen. Der Burn-out lauert ab fünfzig an jeder Ecke." Wahrscheinlich meinte er ernst, was er sagte. Vermutlich sah er sich selbst als potentielles Opfer. Klitsch, das stand außer Frage, würde immer alles nehmen, was sich ihm bot, und er würde es nehmen, ohne an der Ehrbarkeit seines Handelns zu zweifeln.

Von seinem persönlichen Referenten hatte ich erfahren, dass Klitsch dachte, ein Geschäftsführer sei ausnahmslos dafür zuständig, jedwede Verpflichtung und Arbeit zu delegieren. Eine ernsthafte Beteiligung am Arbeitsprozess sei, so Klitsch, für einen Geschäftsführer erst dann erforderlich, wenn ihm daraus persönliche Vorteile erwüchsen. „Wäre niemand da, an den ich meine Aufgaben delegieren kann, für was wäre mein Job sinnvoll?" Das hatte Klitsch offenbar coram publico in einer Betriebsversammlung geäußert, ohne zu merken, was er damit sagte.

Doch selbst wenn er gemerkt hätte, wie sehr ihn die Aussage als unwissenden Egomanen entlarvte, wäre ihm das egal gewesen. Klitsch war ein Meister der Abstraktion und damit nicht wirklich an Tatsachen interessiert, die ihm unangenehm oder hinderlich schienen. Ganz ohne Zweifel hatte Klitsch kein Bedürfnis, sich seiner Arbeit verantwortungsvoll zu widmen. Es genügte ihm vollauf, sein beträchtliches Gehalt jeden Monat fristgerecht abzukassieren. Es verdienen zu wollen, war ihm fremd.

„Meine primäre Qualität ist es, auf Menschen zuzugehen und sie für mich zu gewinnen", ließ mich Klitsch lächelnd wissen. Angetan von der Qualität seiner großzügig bemessenen Essensportionen, welchen er mit Appetit zusprach, schien sich seine Laune gebessert zu haben. Sein Sprachfluss blieb konstant. „Im Gegensatz zu Kollegen habe ich keine Probleme mit Kritik. Wissen Sie", Klitsch hob sein Messer wie eine Lanze, die er mir dann entgegensenkte, als habe er vor, mich vom Pferd zu stoßen, „Menschen sind mein Metier, Menschen sind", hier legte Klitsch eine Kunstpause ein, „alle irgendwie wertvoll. Ich weiß das." Klitsch schnaufte zufrieden und stopfte sich mit mechanischer Unerbittlichkeit mächtige Bissen in seinen bereits verschmierten Mund. Klitsch ließ jetzt jede Etikette und Tischsitte endgültig hinter sich. „Monique, meine Frau", sagte Klitsch, mit offenem Mund an einer großen Kartoffel mahlend, „ist sich sicher, dass ich immer zu viel tue. Für andere, verstehen Sie?" Ich verstand und fühlte mich zunehmend von der Gegenwart dieses Mannes besudelt, der sich, wie so viele staatlich alimentierte Sozialarbeiter, rühmte, eine Zusatzqualifikation als Interventionstherapeut zu besitzen.

Überhaupt befinden sich Sozialarbeiter viel auf Fortbildungen. Als besäße alles, was sie je gelernt hatten, keinen Wert und als müssten sie sich permanent rückversichern, auch wissenschaftlich bestehen zu können und wichtig zu sein.

Klitsch rief viele Lemuren dieser heillosen Branche vor mein inneres Auge, so auch T. S. Scheurer. Das T. S. war ihm wichtig, da es ihm, wie er dachte, Glamour verlieh, T. S. Eliot und D. H. Lawrence lassen grüßen.

T. S. Scheurer war ein ewig geltungssüchtiger Sozialarbeiter, stocksteif und dabei immer bemüht, lässig, kokett und geistreich zu wirken. Sein groteskes Erscheinungsbild war auch das Resultat seines irrigen Glaubens, die Kleidung eines Intellektuellen habe löchrig, farbenfroh und zwei Nummern größer zu sein als erforderlich. T. S. Scheurer wirkte damit wie die Karikatur eines Zeichners, der glauben mochte, die Adenauer-Ära und Hippie-Bewegung seien identisch.

Scheurer war ein Möchtegern-Bohemien. Er versuchte verzweifelt, seine bürokratische Seele und Mentalität hinter dem mutmaßlichen Gestus eines lässigen Intellektuellen von Welt zu verbergen. Alles an ihm wirkte jedoch bemüht, spröde und dennoch überzeichnet. Scheurer war mehr Schablone als Konkretum und mochte wohl glauben, dass seine Gedanken allein dadurch Originalität erhielten, weil er sie dachte. Scheurer erinnerte mich an einen Reisenden, der, zum ersten Mal in Paris eingetroffen, glaubt, die französische Hauptstadt habe erst durch seine Ankunft Bedeutung gewonnen. Seine kleingeistige Hybris ruinierte ihm jede Freude am Dasein. Wann immer es ging, zitierte Scheurer, ständig unterbrochen von hektischem Niesen, Erziehungswissenschaftler aus grauer Vorzeit, die wie er vergeblich versucht hatten, sich, koste es, was es wolle, Bedeutung und Würde zu geben.

Scheurer hatte ein kleines, von trivialen An- und Einsichten überfließendes Manifest verfasst. In holpernder Sprache reihte Scheurer fleißig zahlreiche Sätze aneinander, ohne einen Gedanken zu formulieren, der diesen Namen verdienen würde. Das Ergebnis seines jahrzehntelangen Ringens mit sich, dem Duden und der Hoffnung, Anerkennung und wissenschaftlichen Lorbeer zu finden, publizierte er schließlich in einer Buchreihe ähnlicher Geistesgrößen unter dem Titel: „Das Leben wartet auf mich und Dich. Reflexionen, wie wir aus Fehlern lernen und uns erneuern können."

Das schrecklich gestaltete Buchcover – die Titelseite bestach durch unmotiviert lachende Menschen, die Hüte schwenkten – zeigte auf der Rückseite Scheurer, der, gewandet in eine weiße Guru-Robe, unter einem Kirschbaum sitzt, sinnierend und weltvergessen, als lausche er den Geheimnissen einer fernen Dimension. Entrückt jener Problemwelt, der er seine wissenschaftlichen Reflexionen gewidmet hatte, wirkte Scheurer wie das Klischee seiner selbst. Das Opus Magnum, das – wie durch Zufall – immer auf seinem Schreibtisch zu finden war, ließ sich in wenigen Worten resümieren: Die Probleme der Menschen sind unterschiedlich. Die Lösungen für ihre Probleme nicht minder. Und das gilt auch für jene, die Konflikte mit der Gesellschaft haben.

Ein langjähriger Kollege und Seelenverwandter T. S. Scheurers, ein nicht minder geltungssüchtiger, wenn auch anders gearteter Vertreter staatlich finanzierter Sozialarbeit, ist passionierter Bienenzüchter, Fischer und „Waldheiler", der mit sanfter Unschuldsmiene die Menschen glauben machen möchte, niemand sei toleranter als er. Seine Dienststelle jedoch führt er hart und unerbittlich wie ein preußischer Landjunker.

Dieser janusköpfige Mann, Ende der Fünfzig und kurz vor dem Ruhestand, ängstigt sich sehr, dass er in den letzten Jahren seines Beamtenarbeitslebens an Autorität verlieren könnte. Sein Status als Dienststellenleiter definiert auch seinen Status im heimischen Dorf und damit den Wert seiner ganzen Person. Er, dessen Pension ihm weit mehr Gelder garantiert als viele Ehepaare gemeinsam jemals verdienen werden, fürchtet um seinen Status und hat dabei noch die Chuzpe, Hartz IV-Empfänger mit der Empfehlung zu beglücken: „Werden Sie cremig. Sie dürfen nicht overspacen. Geld ist nicht wichtig. Konzentrieren Sie Ihre Kräfte auf das Leben. Arbeit gibt's genug. Arbeitslosigkeit findet nur in ihrem Kopf statt." Scheurers Intimus redet unablässig von der Gefahr zu „overspacen". Die Vokabel scheint ihn zu faszinieren; auch wenn er selbst nicht recht weiß, was sie bedeuten soll, führt er sie laufend im Munde.

Scheurer, sein bienenzüchtender Kollege und Klitsch sind – jeder für sich genommen – eine Schande oder, neutral betrachtet, das Ergebnis eines Irrtums, der von Bismarck erkannt, doch nicht ungeschehen gemacht werden konnte.

„Bei schlechten Beamten helfen uns die besten Gesetze nicht", schrieb Bismarck an einen Freund, derweil heute Merkel die Welt damit erfreut, einer Gruppe technokratischer Bürokraten, Ministerialen und Geldmagnaten nach dem Mund zu reden. Sie wolle, lässt die vorgeblich mächtigste Frau des Planeten, keinen Druck auf ihre stolzen griechischen Freunde ausüben und habe größten Respekt für die Geschichte und Traditionen Griechenlands. Obgleich ihre stolzen griechischen Freunde unter dem Damoklesschwert der Verzweiflung leben und immer mehr dazu neigen, dem Sirenengesang rücksichtsloser Demagogen auf dem Peloponnes zu erliegen, scheint ihr dieses gegenstandslose Bekenntnis angemessen. Obgleich 27 andere EU-Länder sich erpresst, hintergangen und belogen fühlen, meidet sie jeden ernsthaften Diskurs, weil sie weiß, es könnte zu ihrem Nachteil sein. Die mächtigste Frau Europas beharrt, in bester Beamtenmanier, auf ihren eigenen Vorteil, da sie nie gelernt hat, ihren hermetischen Blick zu weiten oder gar zu handeln. Einen Entschluss zu treffen und ihn, mit all seinen Konsequenzen, zu verantworten, ist ihr noch fremder als den Griechen ein Leben in der Uckermark. Frau Merkel ist, ungeachtet ihrer Machtfülle, ausnahmslos damit beschäftigt, an Autoritäten und Fremdreferenzen zu erinnern, die ihr jede Verantwortung nehmen. Frau Merkel ist in jeder Beziehung exemplarisch für die Mentalität jener Deutschen, die nie gelernt haben, mit Anstand zu scheitern, ohne reflexhaft die Schuld anderen zuzuweisen.

Europa steht vor dem Abgrund und niemand interveniert. Syrien brennt und niemand interveniert. Tausende sterben, Hunderttausende flüchten und niemand interveniert. Palmyra, eine der schönsten Städte aus römischer Zeit, wird für immer ausgetilgt und niemand interveniert.

Wir beschränken uns auf das Verfassen lächerlicher Communiqués, zeigen empörte Gesichter und intervenieren – nicht. Die Genfer Konvention ist uns heilig und dennoch: niemand interveniert. Die größte Egozentrik beweisen jene Menschen, welche die Opfer von Diktaturen zählen, die es ohne ihr Phlegma nie gegeben hätte.

Es ist so wohlfeil, Pazifist zu sein, sich zu empören und anzuklagen, ohne handeln zu müssen. Was im Ausland nicht getan wird, wird auch im Inland versäumt und mit einem Schulterzucken quittiert. Larmoyant, als ginge es in unserem Rechtsstaat nicht auch um die Rechte bedürftiger Menschen, wird jede Zuständigkeit negiert. Die leise Stimme derer, die leiden, wird mit schrillem Geschrei übertönt und niemand interveniert.

Die nächste Wahl will gewonnen, das herrschende Machtgefüge soll erhalten werden. Zynismus verbietet, die Rechte Bedürftiger ernst zu nehmen. Was noch zu verteilen ist, teilen jene Staatsdiener unter sich auf, die sich verpflichtet haben, Bedürftigen zu helfen – doch die Sozialarbeit auf Staatskosten ist korrupt und niemand interveniert.

Niemand mit Einfluss fühlt sich bemüßigt, wahrhaftig zu sein. Niemand mit Einfluss hat Anstand genug, den Kreislauf des Elends zu unterbrechen. Niemand mit Einfluss fühlt sich bemüßigt, Humanität erfahrbar zu machen. Niemand mit Einfluss rebelliert gegen den Lügen-Jargon einer Huxleyschen Welt, die immer weiter pervertiert.

Die soziale Branche ist – wie die Politik – der Spiegel ihrer Zeit und damit auch Gradmesser für die menschliche Lust an Lüge und Betrug. Die soziale Branche unter staatlicher Regie ist ein Possenspiel skrupelloser Beamter, das Millionen verschlingt. „Jeder unserer Sozialarbeiter im Staatsdienst leistet hervorragende Arbeit. Jeder unserer Sozialarbeiter im Staatsdienst ist unverzichtbar und wertvoll", sagt ein Justizminister, ohne zu erröten, während in seinen Gefängnissen Menschen verhungern und Jugendliche zu marodieren beginnen. „Die SPD hält, was sie verspricht", hörte ich ihn unlängst sagen, und da er nichts verspricht, das nicht ohnedies vorhanden wäre, hält er sein Wort.

Mein Großvater, der in einem Arbeitslager der Nazis für seine sozialistischen Überzeugungen gefoltert wurde, hätte diesem rückgratlosen Gesellen ins Gesicht gespuckt. Wer weder Courage noch Gewissen noch einen Standpunkt besitzt, hat keine Legitimation zu regieren. Der sechzigjährige Minister und der fünfzigjährige Klitsch sind einander wert. Der Minister und Klitsch würden, wie so viele ihrer Generation und ihres Schlages, in ihrem Leben niemals etwas sagen oder tun, das es wert wäre, gesagt oder getan zu werden.

Klitsch, der, solange ich meine Gedanken schweifen ließ, seine Mahlzeit beendet hatte, dehnte sich, gähnte laut und blickte mich zum ersten Mal unverstellt an. „Ich weiß nicht, was Sie treibt, ich weiß nicht, was Sie wollen", sagte er, süffisant lächelnd, „ich weiß nur, dass sich jeder selbst der Nächste ist." Klitsch war, das stand außer Frage, eine Kanaille, aber Klitsch hatte kein Talent zur Heuchelei.

Anders als viele seiner Kollegen verzichtete er darauf, sich als hilfreicher Samariter aufzuspielen. Er gerierte sich nicht als Weltverbesserer, nahm, was er bekommen konnte, und reizte skrupellos seine Vorteile aus. Eigentlich, so dachte ich mir, gibt es keinen Grund, erstaunt oder echauffiert zu sein, eigentlich, so dachte ich mir, ist das Elend staatlich alimentierter Sozialarbeit eine logische Antwort auf unsere beamtenhörigen Parlamentarier, die sich drücken und winden, jede Verbindlichkeit scheuen und selbst bei Sonntagsreden überfordert wirken. Wo Eigensucht und Talentlosigkeit regieren, ist Charakterschwäche eine Tugend. Warum also sollte unter fünfzigjährigen Sozialmanagern mehr oder Besseres zu erwarten sein, als das Elend anderer Fünfzigjähriger in Politik und Wirtschaft nahelegte? Die Antwort lag auf der Hand. Es gab keinen Grund.

Diese Einsicht brachte mich Klitsch nicht näher, doch sie erlaubte es mir, die Essensrechnung heiter zu begleichen, Klitsch beim Abschied die quallige Hand zu drücken und meiner Arbeit mit weit mehr Gelassenheit nachzugehen als je zuvor.

13. Die praxisversierte Pädagogin *oder* Leben in der Diaspora

Ich erinnere mich an einen Besuch, den ich, beruflich bedingt, bei einer Pädagogin machen musste, die mit Nachdruck darauf beharrte, praxis- und nicht theorieversiert zu sein.

Bea Bunte, die Frau hieß tatsächlich so, hatte es sich zur Aufgabe gemacht, Psychopathen mit hohem Delinquenzpotential – sie betonte das hohe Delinquenzpotential fast lustvoll – „Perspektiven zu schenken", mit welchem Ziel sei dahingestellt.

Der Journalist, dem daran gelegen war, Bea Bunte in ihrem „heimischen Kontext" zu interviewen, hatte mich gebeten, ihn zu begleiten, um Bea Buntes praxisbezogene Aussagen „auf der Metaebene zu bestätigen". Diese Phrase habe ich über die Jahre hinweg zu fürchten gelernt. Der Journalist bedrängte mich sehr und so gab ich nach, entsprach seinem Wunsch und ging mit. Vielleicht aus Gleichgültigkeit, vielleicht auch aus Konzilianz, die ich niemals bewiesen hätte, wäre mir klar gewesen, dass ich mich einen Tag später inmitten einer seelenlosen Diaspora wiederfinden würde.

Bea Buntes Wohnort ließ in seiner drastischen Realität keine Möglichkeit, an etwas vorbeizusehen. Alles war auf furchtbare Weise gegenständlich.

Als ich dem Auto des Journalisten entstieg, blickte ich auf ein Idyll exakt parzellierter Doppelhaushälften, die, streng symmetrisch angeordnet, kleine Rasenflächen wie grüne Filzböden erscheinen ließen. Selbst Gartenzwerge wären mir hier willkommen gewesen, denn was ich vorfand, war weit monströser.

Die Straßen waren mit Akkuratesse gekehrt. Weder welke Blätter, noch Zigarettenreste, noch irgendetwas, das Nachlässigkeit erkennen ließ, lag auf der Straße. Selbst die Bordsteinrinnen waren frei von Schmutz.

Bea Buntes Haus war ein Eckgebäude, gerahmt von Blumenrabatten und Hecken, die mit großer Sorgfalt gepflegt wurden. Das konnte selbst ich erkennen, und ich habe weder Garten noch Rechen. Dem 1950er-Jahre-Bau mit applizierter Naturstein-Fassade war zu einem späteren Zeitpunkt eine verglaste Veranda vorgesetzt worden. Wie es konfektionierten Veranden aus der Provinz oft geschieht, erinnerte auch diese an eine Garage mit großen Fenstern.

In der breitspurigen Auffahrt stand ein Geländewagen, der vor kurzem hingebungsvoll poliert worden sein musste, denn sein schwarzes Chassis und die mattsilbernen Felgen glänzten in der Makellosigkeit eines chinesisch lackierten Teebretts. Mächtige Kastanien mit breit gefächerten Ästen standen links und rechts des Eingangs, um zu demonstrieren, wie wunderbar hier Natur, Mensch und Haus in Harmonie und schöpferischer Wechselwirkung zueinander gefunden hatten.

Bea Bunte hatte uns bereits kommen hören und öffnete die Tür, ehe ich klingeln konnte. Strahlend stand sie vor uns, gekleidet in ein Trecking-Leibchen und eine legere Leinenhose, die betonte, dass sie schlank und sportlich und dem Alter Paroli zu bieten gewillt war.

Bea Bunte ließ uns eintreten und platzierte uns, sichtlich gut gelaunt, an der heimischen Espressobar, die, obgleich einer italienischen nahezu stilecht nachempfunden, keine angenehme Gesprächsatmosphäre erzeugen wollte. „Mein Mann ist Hobby-Barista und hat alles direkt aus Neapel kommen lassen", erläuterte Bea Bunte lachend, mit kaum kaschiertem Stolz. Ihr Lachen glich dem gleißenden Monstrum mit zahllosen Messgeräten, Ventilen, Zu- und Abläufen in ihrem Rücken, das sich erst auf den zweiten Blick als Highend-Espressomaschine enttarnte. Dieses sterile Heim zweier italienaffiner, augenscheinlich recht begüterter Menschen in den Fünfzigern bedrängte mich sehr, mehr noch, es übereignete mich einem Gefühl bislang unbekannter Klaustrophobie.

Bea Buntes trauriger Versuch, durch das Erwerben teurer Accessoires ein leichtes, spielerisches Lebensgefühl zu erzeugen, war, wie ihre zur Schau getragene Athletik, ein Menetekel des Scheiterns. Schlechter Geschmack gleicht abgestandenem Bier. Es genügt, daran zu nippen, um sich elend zu fühlen.

Bea Bunte ahnte nichts von meiner wachsenden Unruhe. Ahnungslos hatte sie sich dazu entschlossen, meine Tortur zu steigern, indem sie weiter jedes Klischee einer alternden Frau erfüllte, die in der Provinz lebte, und, was weit schwerer wog, auch in provinziellen Dimensionen dachte.

Bea Bunte verkörperte jenen zwanghaft sportlichen Typus Frau, der mit Mitte fünfzig noch an Cheerleader-Wettkämpfen teilnimmt, wenn auch ohne zu glauben, damit ließen sich Jugend und Schönheit konservieren.

Bea Bunte wusste längst, dass ihr Mann und sie nie wieder mit einem Lächeln erwachen würden. Beide krankten an ihrem Alter, beide litten an ihrem Zweit-Gatten-Status, beide hatten keinen Trost für den anderen. Beide hatten ihre Jugend mit einem anderen Menschen gelebt, beide hatten ihre schönsten Erinnerungen mit einem anderen Menschen verwoben, der sie in- und auswendig gekannt hatte – vor dem Zenit, nicht erst weit nach dem Zenit ihres Lebens.

Bea Bunte überprüfte jeden Morgen und Abend hart und rücksichtslos ihr Aussehen auf Veränderungen und ihr Zweit-Mann tat es ihr gleich. Sie wusste, dass es nicht mehr sehr lange dauern würde, bis er ihre Hände nicht mehr auf ihren zunehmend reizlosen Körper legen würde, und sie hatte Angst vor dem unvermeidlichen Tag seines endgültigen Rückzugs. Bis dahin aber wollte sie alles tun, ihn in der Illusion zu wiegen, es sei eine gute Entscheidung gewesen, die zweite Lebenshälfte gemeinsam zu verbringen.

Bea Bunte ließ ihre Blicke zwischen mir und dem Journalisten schweifen, als sie uns zwei Espressi servierte, in Original-Tässchen der

Firma Kimbo, die, wie Bunte betonte, an Exklusivität nicht zu überbieten sei. Der Kaffee schmeckte wirklich gut, war etwas herb, doch nicht bitter, und die unvermeidlichen Amarettini erhöhten, glaubte man Bunte, den Genuss um 100 Prozent. Ich lächelte unverbindlich, klopfte dem Journalisten ermunternd auf die Schulter und versuchte endlich das Gespräch in Gang zu setzen, für das wir gekommen waren. Der Journalist begriff, nahm seinen Block, warf einen raschen Blick auf seine vorbereitete Fragenliste und begann: „Frau Bunte..." „Bitte, nennen sie mich Bea", fiel ihm Bea Bunte, gleich zu Beginn des Interviews, in die Parade und biederte sich an. Der Journalist ignorierte ihre Avancen und behielt seine Zurückhaltung bei. Buntes 1968er-Gehabe, das jedes „Sie", „Herr" und „Frau" dem Spießertum zurechnete, war ihm augenscheinlich egal.

„Nun, Bea", begann der Journalist erneut, entgegenkommender als zuvor, „welche Erfahrungen haben Sie im Umgang mit gewalttätigen Psychopathen gemacht?" Die Konzession, was den Vornamen betraf, hatte den Journalisten nicht dazu verführt, Buntes Verbrüderungsvorstoß nachzugeben. Vorgeblich hatte er Bea Bunte ihren Willen gelassen, doch tatsächlich ihre Absicht erfolgreich konterkariert, Freunde zu werden. Nichts verbürgt mehr Abstand zu einer Person, als sie bei ihrem Vornamen zu nennen und das Sie beizubehalten.

Selbst Bunte hatte begriffen, dass sie keiner Person gegenübersaß, die ihren Manipulationsversuchen erliegen würde. Ihr Mund war nicht länger umspielt von dem ewigen Lächeln der Heuchler. Er hatte sich unversehens verwandelt, war schmal und freudlos geworden. Ihre Lippen lagen erbittert aufeinander und ich sah, wie viel Mühe sie hatte, ihren Unmut zu kontrollieren. Zorn überwucherte kurz ihre Miene, ehe sie wieder werbend zu lächeln begann.

Sympathie und Bestätigung für sich, ihre Denk- und Lebensweise, war der Nektar, den Bea Bunte aus jeder Begegnung zu saugen begehrte. Der Journalist aber war nicht gekommen, um Bea Bunte zu bestätigen. Im Gegenteil schien es ihn sichtlich Überwindung zu kosten, ihr neutral zu begegnen.

Brüsk rückte er sich zurecht, starrte in Buntes Gesicht und forderte schweigend eine Antwort. Bunte räusperte sich, lächelte bittersüß und sagte: „Meine Erfahrungen waren allesamt gut, ja, ermutigend." „Ermutigend?", der Journalist stutzte kurz. „Ja, ermutigend. Jeder meiner Psychopathen, Mörder und Vergewaltiger" – sie sprach tatsächlich von ihren Psychopathen, Mördern und Vergewaltigern – „hat etwas ganz Eigenes. Eine besondere Geschichte, die ihm Persönlichkeit verleiht." „Sie meinen – Charakter?", vergewisserte sich der Journalist, der Bunte nicht falsch verstehen wollte. „Natürlich", bestätigte Bunte heiter, „Charakter. Einen starken Charakter sogar. Niemand verliert sich in einem Gewaltexzess, wenn er keinen starken Charakter besitzt. Um sich zu verlieren, muss etwas da sein, das verloren werden kann." „Sie meinen also beispielsweise, dass nur charakterstarke Männer Frauen vergewaltigen?", fragte der Journalist, um Fassung ringend. „Es klingt vielleicht seltsam. Aber wenn Sie es so sagen wollen, ja, das stimmt", erwiderte Bunte, ohne zu merken, wie zynisch ihr gedankenloses Gerede in den Ohren eines unbeteiligten Dritten klingen musste.

Nun wäre es an der Zeit für mich gewesen, einzugreifen, freundlich, bestimmt, um die entstandenen Irritationen zu zerstreuen, doch ich ließ es gewähren und starrte unverwandt auf den Kimbo-Kaffeesatz in meiner Original-Espressotasse, als würde dort, meinen Augen verborgen, ein Geheimnis auf mich warten. Ich hatte keine Lust mehr, die stupide Ignoranz und ignorante Stupidität jener Menschen wortreich zu überspielen, die von unserem Staat damit betraut wurden, grausamen Psychopathen Entschuldigungen und ein reines Gewissen zu verschaffen.

Über Jahre hinweg hatte ich, wieder und wieder, das Gefasel selbstgefälliger und anmaßender Sozialarbeiter intelligent erscheinen lassen, weil es mein Berufsethos und die Loyalität zu meinem Arbeitgeber von mir verlangte und ich, ungeachtet aller geäußerten Idiotien, dachte, es könne nicht falsch sein, Psychopathen zu helfen, ihre Affekte zu kontrollieren und damit neue Opfer zu vermeiden. Jahre später musste ich feststellen: ich hatte mich geirrt.

Bunte jedoch hatte ihren Lapsus weder erkannt noch begriffen und begann, ohne dass der Journalist eine Frage stellen musste, davon zu erzählen, wie süß, unsicher und jungenhaft manche ihrer Vergewaltiger auf sie wirkten. Die meisten ihrer harten Jungs, erklärte Bunte mit Nachdruck, vergewaltigten ohnedies nur dann Frauen, wenn sie betrunken wären. Deswegen ermahne sie ihre Schützlinge immer, achtsam zu sein und sich nur daheim zu betrinken. Der Journalist notierte sich Wort für Wort. Als Bunte ihre Ausführungen damit beendete, dass fast jeder Vergewaltiger ein Muttertrauma habe, das seine Taten erklärte, hatte er genug Material, legte den Block beiseite, hustete laut, um Buntes Redefluss zu unterbrechen – was ihm gelang –, tippte mir auf den Arm und sagte: „Es ist spät, Herr Tag, und ich muss zurück in die Redaktion. Hatten Sie nicht auch einen Termin?" „Einen Termin?", ich blickte ihn verständnislos an. „Ja, einen Termin. Einen dringenden sogar", betonte der Journalist, stand auf, ergriff seine Jacke, legte mir meinen Mantel um die Schultern, und drängte mich an Bea Bunte vorbei der Haustür entgegen, die wir eine Stunde zuvor durchschritten hatten.

Bunte wusste nicht, wie ihr geschah. Sie erstarrte. Dieses Überraschungsmoment nutzte der Journalist, öffnete die Haustür, ohne ein Wort und ohne sich umzublicken, zog mich hinter sich her, warf die Tür vehement ins Schloss, und bugsierte mich mit herber Freundlichkeit in sein Auto. Der Motor sprang sofort an und, katapultiert von einem klassischen Kavalierstart, flog das Auto voran, der Freiheit entgegen, die ich in der Ortseinfahrt zu Buntes Heimatdistrikt verloren hatte.

Der Journalist und ich schwiegen in gutem Einvernehmen, bis wir fast die Stadt erreicht hatten und ich der entscheidenden Frage nicht länger ausweichen konnte. „Lieber Herr Tag, was mache ich jetzt damit?" Der Journalist schien ratlos und wollte mir, was ich ihm hoch anrechnete, nicht schaden. Er war ein anständiger, intelligenter Mann Anfang fünfzig, der seinem Beruf ohne Eitelkeit nachging und die nüchterne Wahrheit der glamourösen Lüge vorzog; ich mochte ihn sehr.

„Sie werden berichten, was wahr ist. Damit ist alles getan, was sich tun lässt, und ich, für meinen Teil, werde mich freuen, die Wahrheit zu lesen."

Der Journalist blickte mich fragend an, verlangsamte die Geschwindigkeit seines Wagens und fuhr, nervös blinzelnd, in die Einfahrt meines Unternehmens. „Überlegen Sie sich bitte gut, ob ich diesen Artikel schreiben und veröffentlichen soll. Das bringt Ärger, großen sogar." Der Journalist schien wirklich besorgt und appellierte an meine Vernunft. Er war willens, eine gute Geschichte aufzugeben, um mich zu retten, doch ich wollte nicht gerettet werden.

„Danke, tausend Dank, für Ihre Fürsorge. Ich weiß das wirklich zu schätzen, doch die Wahrheit ist mir willkommen. Immer." Ich gab dem Journalisten einen sanften, brüderlichen Stoß, sprang leichtfüßig aus dem Auto, nickte ihm heiter zu und dachte mir, wie schön es sein würde, mit 50 Jahren in allem wahrhaftig zu sein.

14. Der Theatermann *oder* Der Westfälische Unfriede

Bastian ist 53 Jahre, Theaterregisseur, Produzent und Choreograph eines Kunstaktivistenvereins, zudem ausgebildeter Maskenbildner, examinierter Kunsthistoriker und Germanist, und seit ich ihn kenne latent depressiv und knapp bei Kasse.

Bastian kommt aus Westfalen und hat den Wuchs und die Physiognomie seiner Landsleute geerbt. Die meisten Westfalen besitzen nicht allein imposante Körper, sondern auch große, markante Germanenschädel, die Bayreuths singende Nibelungen so oft vermissen lassen. Den historischen Nibelungen und Westfalen ist vieles gemeinsam. Beide klagen nie, erdulden schweigsam jeden Schmerz und verwahren ihre Gefühle dort, wo keine Gefahr besteht, sie zu finden – im jenseitigen Leben.

Bastians Naturell hingegen ist weit sensibler und diesseitiger orientiert als das seiner Vorfahren. Ob zu seinem Leidwesen oder Glück, ließe sich lange diskutieren.

Bastians Vorfahren haben seit Generationen auf einsamen Bauernhöfen gelebt, haben Vieh gezüchtet, geschlachtet und verwurstet, und das immer genau so viel, wie nötig war, um Jahr für Jahr ein neues Stück Land hinzuzukaufen und die Stallungen zu erweitern. Das hatte über Jahrhunderte bei seiner Familie – den Oberhofers – Tradition, das war die einzige Bestimmung, die ein Oberhofer für sich erkennen musste, wollte er sich nicht in sinnlosen Ambitionen verzetteln.

Den Oberhofers war jedoch nie daran gelegen gewesen, ihr Leben auf heimischer Scholle als alternativlos zu feiern. Ihre Lebensart und -weise folgte eher einem Prinzip der Notwendigkeit, das keiner von ihnen begriff, doch das jeder von ihnen, klaglos und ohne zu murren, akzeptierte. „In Westfalen lebt die Natur mit den Menschen. Überall sonst der Mensch mit sich selbst", diese sehr westfälische Einsicht verrät viel über den Menschenschlag, der dort noch immer lebt. Ohne viel Aufhebens von sich und seinen Problemen zu machen, ist der Westfale meist bescheiden und klug genug, über gute Ernten zufrieden, doch nicht euphorisch zu sein.

Westfalen ist keine Landschaft, die nach Veränderung und Gefühlsausbrüchen schreit, Westfalen ist eine Region, deren Menschen für Ruhe, Konstanz und Gleichmut bürgen.

Oft leben Menschen dort am besten, wo sie nicht in Verlegenheit geraten, immer zu experimentieren, oft leben Menschen dort am besten, wo sie wissen, dass ihr Tun und Handeln nicht in Frage gestellt wird. Dort, wo es Menschen vorbehalten bleibt zu entscheiden, was gut und richtig für sie ist, leben sie meist in friedlicher Koexistenz. Der Ballast alltäglicher Sorgen ist an Orten ohne Erfolgsdruck viel geringer und damit auch leichter zu ertragen.

Viele der heute Fünfzigjährigen haben das vergessen, denn viele von ihnen haben vergessen, woher sie kommen, oder sie schämen sich ihrer Wurzeln, ihrer Herkunft und ihrer Eltern. Selbst Bastian schämt sich seiner Herkunft, wenn er auch ab und an ein wenig Ambivalenz erkennen lässt und mit seiner einfachen Herkunft kokettiert.

Er kultiviert den Respekt der Intellektuellen für alles Archaische, was schon kluge Leute wie Gottfried Benn dazu verführt hat, Ursprüngliches und Nationalismus zu verwechseln. Wie anders hätte dieser kluge, poetische Mann dem Nationalsozialismus positive Aspekte abgewinnen können?

Mit Ernst Jünger hingegen verhält es sich anders. Dieser schreibende Schlagetot schwelgte in kuriosen Phantasien und obszönen Bilderorgien der Gewalt, die in seinen Büchern oft westfälischen Soldaten und Namen zugeschrieben werden. Damit hatten Bastians Urgroßvater, Großvater und Vater jedoch nichts gemein.

Bastians Vater war vielmehr der letzte in einer langen Reihe standhafter, unerschütterlich friedliebender westfälischer Bauern alten Schlags, dem es, trotz aller EU-Bestimmungen, gelungen war, über Jahrzehnte hinweg eine ererbte, eher uneinträgliche Rindermast mit trotzigem Eigensinn fortzuführen. Über die Rentabilität seines Hofes hatte er sich nie Gedanken gemacht, denn er besaß die unerschütterliche Überzeugung: „Was eine sechsköpfige Familie satt macht, muss genügen."

Bastian jedoch hatte – noch vor seinem jüngeren Bruder und seinen zwei Schwestern – mit 20 Jahren die Flucht ergriffen, um nicht das klassische Schicksal des Ältesten zu erleiden, dem es eigentlich zukam, den Hof zu bewirtschaften und, später einmal, die Nachfolge des Vaters anzutreten.

Bastian sehnte sich nach Avantgarde-Theater, experimenteller Malerei und einer Künstlerexistenz, die ihn, nüchtern betrachtet, weder glücklich gemacht hat, noch machen konnte, was er aber, das gilt es fairerweise zu erwähnen, in seiner Jugend im Westfälischen nicht ahnen konnte.

Auch seine drei Geschwister studierten alle exotische Fächer, die zur Landwirtschaft keine Verbindung haben. Philosophie, Malerei und Musik – der alte Oberhofer hatte sich nie dazu geäußert, was er davon hielt, dass keines seiner Kinder auch nur geringes Interesse für Landwirtschaft und Natur erkennen ließ. Prinzipiell hatte der alte Oberhofer sich wenig geäußert. Er wusste, wie wenig es genutzt hätte, seine kunstbesessenen Kinder für seinen Berufsstand begeistern zu wollen.

Bastian hatte nahezu alles verdrängt, was seine Jugend auf dem Land betraf. Er hatte kaum noch Bilder vor Augen, wie seine Welt in jungen Jahren gewesen war. Eine Welt, eingebettet in die Ruhe und den Duft blühender Wiesen, jenseits zugiger Straßenschluchten, betonummantelter Häuser, hässlicher Shopping- und Freizeit-Center und ständig hetzender Städter.

„Ich habe wenig Erinnerung an zuhause", gab er unlängst nachdenklich vor mir und einem imaginären Schriftführer zu Protokoll. Mit verkniffenen Augen inspizierte er dabei den Schaum seines Bieres, das er skeptisch beschnupperte, als störe ihn der vertraute Geruch von Malz und Hopfen. „Nur den Geruch von damals habe ich noch in der Nase. Dieser Geruch von klammer Erde, Rinderkot und fauligem Heu hat mich nie wieder verlassen. Olfaktorisch", hier lachte Bastian sein rauchiges, gutturales Lachen, „war das Ganze ein Desaster. Doch der Hof war grandios und das weite Land unwirklich schön." Bastians Gesicht, dem stets ein leichter, unspezifischer Zug der Verzweiflung anhaftete, begann, sich aufzuhellen: „Weißt du, ich kam mir mit 16 Jahren vor, als lebte ich in einem Dostojewski-Roman. Alles schien mir so antiquiert und weltvergessen. Schon die altertümlichen Klamotten meines Vaters waren eine Rarität. Eine Jacke aus grauem, festem, gewachstem Filz. Dazu eine Weste aus Hirschleder, abgeschabt und zerschlissen vom jahrelangen Tragen. Dunkelbraune, dicke Cordhosen und Schaftstiefel, die auch Rübezahl gepasst hätten. Im Frühjahr", Bastians Augen weiteten sich, als sähe er seinen Vater vor sich, „hatte er oft eine doppelläufige Flinte über der Schulter hängen. Nicht für die Jagd", Bastian lächelte melancholisch, „sondern wegen der Wildschweine, die recht aggressiv werden konnten, wenn man ihren Frischlingen aus Versehen zu nahe kam. Benutzt hat er das Ding jedoch nie."

Bastian hielt inne, betrachtete eingehend die neongrell erleuchtete Kneipe, in der wir uns getroffen hatten, und sagte, von Trauer überwältigt: „Mein Vater hätte das alles hier nicht verstanden. Nichts von all dem Städtischen hätte ihm gefallen. Das weiß ich, auch wenn ich nur einmal mit ihm wirklich geredet habe. Nur einmal, ein einziges Mal, und jetzt ist er tot. Einfach so, ganz ohne Ansage. Ich dachte, er würde mindestens hundert."

Bastian schluckte schwer und begann halblaut mehrere Triller zu pfeifen, was er immer tat, wenn ihn etwas emotional aufwühlte. Diese Angewohnheit, eine absurd wirkende Übersprungshandlung, ist charakteristisch für intelligente Männer, die wenig Selbstvertrauen haben.

Männer wie Bastian bringen sich ständig in Verlegenheit. Sie reden oft und zu viel über sich und zu wenig mit anderen. Wenn sie einmal ihrem Gegenüber zuhören, dann eher ungeduldig und ohne sich für dessen Belange ernsthaft zu interessieren.

Unseren Treffen ging immer ein Telefonat voraus, in dem er mich – konfus und hektisch pfeifend – bedrängte, ihn sofort zu treffen. Wann immer wir uns dann trafen, wusste ich, dass es gleichgültig sein würde, was er und ich sagten, da das Ergebnis längst feststand: Bastian wollte ein anderes Leben, Bastian wollte sein Leben zurück.

Dieses Phänomen ist nahezu archetypisch für jeden fünfzigjährigen Mann, den ich kenne. Fast jeder fühlt sich um das Wesentliche gebracht und betrogen. Fast jeder glaubt, die Welt habe ihm absichtlich alles vorenthalten, was ihm Freude und Glück bereitet hätte. Die Welt der fünfzigjährigen Männer ist eine Welt unablässiger Verzweiflung, Entbehrung und Frustration. Die Welt der fünfzigjährigen Männer bietet selten Anreiz, in ihr leben zu wollen.

Selbst jene unerbittlichen Typen, die mit über fünfzig um eine Teilnahme für den Ironman auf Hawaii kämpfen, sind uneins mit sich und der Welt, weil sie sehen, dass ihre Muskeln mit jedem Tag mehr atrophieren. Kein Training kann ihnen die Jugend ersetzen, die sie, um jeden Tag feilschend, verzweifelt zurücksehnen.

Fünfzigjährige Männer fühlen sich als Opfer einer sophokleischen Tragödie und inszenieren dabei ein Schauspiel von aristophanischer Heiterkeit.

Die meist weiblichen Zuschauer dieser Helden-Schmierenkomödie wissen, dass es vergeblich wäre, sie zu beruhigen. Die meist weiblichen Zuschauer verzweifeln an ihren Männern, und das mit gutem Recht. Auch geschlechterübergreifend gibt es selten Trost und Zuspruch – weder für haarlose Männer, noch für faltenreiche Frauen. Diese Feststellung ist nicht etwa das Resultat chauvinistischer Zynik, sondern das Resultat empirisch gesicherter Verzweiflung.

Frauen jedoch, auch jene jenseits der Fünfzig, finden von Zeit zu Zeit

Freude am Leben, genießen Kleinigkeiten und lamentieren eher selten über die Last des Alterns. Umso wesentlicher ist es für Männer, welche Frauen sie nach ihren besten Jahren umgeben. Männer über fünfzig brauchen ungleich mehr Halt und Zuversicht als die kleinsten Kinder, da sie psychisch regredieren, und keinen wilden Sex, sondern tröstende Arme suchen.

Umso fataler war Bastians Wahl. Annette, seine Frau – eine grünhaarige Megäre mit großer Geltungssucht und wenig Verständnis für die Eigenarten ihres Gatten – raubt ihm bis heute jede Balance und das mit Vorsatz und oft zügelloser Radikalität.

Bastians finanzielle Erfolglosigkeit ist ihr Grund und Anlass für ständige Vorwürfe. Böse wie die machtlüsterne Lady Macbeth hetzt sie ihren Mann von Debakel zu Debakel. Dabei trifft Annette keine wirkliche Schuld, da es allein Bastians Entscheidung bleibt, worauf er sich konzentriert, was er tut oder lässt. Ob er auf sie hören, mit ihr leben und arbeiten möchte oder auch nicht, liegt nur bei ihm.

Bastians Kulturfonds-finanzierte Theaterprojekte in Deutschland fanden, über viele Jahre hinweg, selten mehr als fünf Zuschauer pro Abend, aus nachvollziehbaren Gründen, denn sie waren immer öde oder, im glücklichsten Fall für den Zuschauer, zwanghaft exzentrisch und damit unansehnlich.

Annette hatte ihm schließlich mit Nachdruck geraten, in vormaligen Ostblockstaaten nach neuen Finanziers zu suchen. „Du musst Leute finden, die EU-geförderte Theaterprojekte produzieren: bi- oder trilateral, verstehst du? Mit sozialkritischer Ausrichtung und gendergerecht. Dann hast du gewonnen und wir sind wieder ein Stückchen von der Straße weg."

Annette hatte die nicht ganz unbegründete Sorge, Bastians deutsche Finanzquellen könnten für immer versiegen. Armut und Obdachlosigkeit im Alter waren für sie weniger imaginäre Ängste als vielmehr realistische Szenarien, die sie um jeden Preis von sich abwenden wollte.

Wieder und wieder hatte sie versucht, Bastian auf Linie zu bringen, und war gescheitert. „Bastian ist total unfähig, wenn es ums Geld verdienen geht", hatte sie mir, am Abend von Bastians letzter Inszenierung in unserem kleinsten Stadttheater, leicht angetrunken, zugeraunt. Obwohl sie mich augenscheinlich nicht leiden konnte, begegnete sie mir fast immer sachlich und ehrlich. Zwar unterstellte sie mir einen schlechten Einfluss auf Bastian, hielt mich für verwöhnt und arrogant, wusste jedoch auch, dass ich Bastian mochte und ihm immer helfen würde, eine gut dotierte Arbeit zu finden.

Trotz dieses Kalküls machte sie keinen Hehl daraus, was sie von mir hielt. Ich war ihr zu intellektuell, weltfremd und subversiv und, wie sie nie müde wurde zu betonen, antimodernistisch. Insbesondere letzteres war für sie ein durch nichts zu entschuldigender Charaktermangel. Was sie an mir mochte, war meine bürgerliche Vernunft, so zumindest drückte sie sich aus. „Du hast wenigstens eine Festanstellung, aber Bastian...", Annette verdrehte vielsagend ihre Augen, streckte sich ungelenk, seufzte, nahm ihre Bierflasche, stand auf und ging an den Nebentisch, wo eben die städtische Kulturreferentin mit flackernden Augen Platz nahm.

Die Referentin wirkte erschöpft und psychisch ausgelaugt von Bastians Bühnenstück, das sie, ich und ein älteres Ehepaar, fraglos verirrte Abonnementbesitzer, gemeinsam tapfer durchlitten hatten.

Ich hatte die Stadtbeauftragte in der Pause von Bastians Meisterstück kennengelernt, fast zwangsläufig, da sich ein 4-Personen-Publikum nicht den Luxus erlauben sollte, einander zu ignorieren. Warum auch? Waren wir doch alle Leidensgenossen und Opfer eines Theater-Attentats, das keiner Handlung zu folgen schien. Eine unablässige Reihe harter Zäsuren hatte jede Entwicklung verhindert. Selbst der Titel sorgte für Verwirrung, nicht für Klärung. Bastians Bühnenbearbeitung einer Puschkin-Erzählung wurde angekündigt als „Putin trägt einen Hut und trinkt dabei Absinth im Schnee".

Der 1. Akt dauerte eine Stunde, was – relativ betrachtet – wenig erscheint, doch Epochen des Grauens umschließen sollte. Der 1. Akt reduzierte sich fast ausnahmslos auf die Inszenierung eines augenscheinlich homosexuellen Tänzers in transparenten, aus Tiefkühlbeuteln gefertigten Plastikhosen, der sich, immer und immer wieder, mit gespreizten Extremitäten gegen eine Wand warf, schrie und tobte. In 5-Minuten-Intervallen machte er eine kurze Pause, rannte in eine kotbraune Ecke – ein Hinweis auf die anale Dimension menschlichen Tuns – und nahm aus einem Weinkübel mit der Aufschrift „Hodensack" Eisstücke, die er sich solange mit heftigen Bewegungen in den Rachen stopfte, bis er zu ersticken drohte. Ein Brummlaute intonierender alter Mann von mindestens 150 Kilogramm, der unter einer neonpinken Plastikbüste von Zar Alexander hockte, gab die musikalische Untermalung. Nur in zerschlissene Unterhosen gekleidet, zog er, im Rhythmus seiner monotonen Klangfolgen, an seinem Penis, spie lachend auf seine Füße und schrie dazu „Glasnost", wenn auch schwäbisch eingefärbt, und so klang es, ein augenscheinlich intendierter Scherz, wie „Glas Most".

Das alles schien Bastian jedoch noch nicht zu genügen, denn als ich mich bereits daran gewöhnt hatte, den Spasmen eines hirnlosen Tänzers und onanierenden Musikers zu folgen, trat mit einem Mal seine Frau Annette auf.

Mit blauer Farbe übergossen, nackt und ihr Schamhaar mit flackernden Leuchtdioden gespickt, sprang sie, eine Äffin imitierend, in die Mitte der Bühne, legte sich auf den Boden, nahm einen Sahnespender, setzte ihn an ihre Vagina, ließ ihn Sahne schäumen und schrie: „Fick nicht die Proleten, fick den Planeten." Ihre mittlerweile schweißgebadeten Kollegen beendeten ihre künstlerischen Aktionen, traten zu ihr, nahmen jeder eines ihrer Beine, schleiften sie, obszöne Grimassen reißend, über die Bühne und riefen mit dumpfer Stimme: „Besorg's dir selbst. Spar dein Geld."

In diesem Augenblick war es mit der Geduld jener Dame vorüber, von der ich später erfahren sollte, dass sie die städtische Kulturreferentin war. Die arme Frau, offenbar Anfang bis Mitte vierzig, war dazu verurteilt festzustellen, ob Künstler wie Bastian auch künftig Unterstützung der öffentlichen Hand verdienten. Sie tat mir leid und weckte meine Neugierde, da sie hier fremder wirkte als ein verklemmter Rotarier in der Rockerpilgerstätte Wacken.

Das ältere Ehepaar saß, als ein chinesischer Pausengong Bastians wilde Theater-Charaden für eine Viertelstunde zur Ruhe brachte, versteinert in seinen Sitzen. Schreckensbleich rang der betagte Herr sichtlich um Fassung, mehr noch als seine Frau, die ihn zum wiederholten Mal vergeblich versuchte, zum Aufstehen zu bewegen. Endlich schien der Mann aus seiner Trance zu erwachen, erhob sich schwerfällig, krallte sich in den Arm seiner Frau und schrie: „Wenn du willst, dass ich sterbe, finden wir eine andere Lösung." Seine Frau wollte eine Antwort geben, ein Blick in das Gesicht ihres Mannes ließ sie jedoch verstummen. „Komm", sagte sie sanft, „wir gehen heim." Dieser Satz ließ die Lebensgeister des Mannes erwachen und schenkte ihm neue Energie. Fluchend und schimpfend verließ er den Zuschauerraum und hinkte mit rudernden Armen durch das Foyer dem Ausgang entgegen. Er hatte aufgehört, lauthals zu klagen, doch ehe er das Theater ganz verließ, drehte er sich unvermittelt um und schrie, ohne dass seine Frau ihn daran hindern konnte: „Ihr seid schlimmer als Verbrecher. Ihr nehmt noch Geld für eine Vergewaltigung. Ihr massakriert Puschkin. Und wozu?" Das „wozu", dachte ich, ist der Schlüssel zu Bastians barbarischer Arbeit, das „wozu" ist Bastian so fremd, wie das „für wen".

Die Kulturreferentin hatte den kleinen Eklat, an ein Campari-Glas geklammert, von der Bar aus verfolgt und das erkennbar in vollkommenem Einvernehmen mit dem älteren Herrn. Wozu, schienen auch ihre Blicke zu fragen, verleugnet ihr jeden Sinn, jede Schönheit? Und warum muss Theater immer schockieren?

Als ich die Bar erreichte und ein Glas Sekt und Erdnüsse bestellte, nestelte sie nervös an ihrer Handtasche, förderte einen Block nach oben und machte sich eifrig Notizen. „Sind Sie von der Presse?", begann ich, noch unsicher, was daraus werden sollte, ein Gespräch. „Nein", fauchte sie mich an, „ich bin nicht von der Presse." Ihr nicht mehr ganz junges, schon welkendes Gesicht hatte hektische Flecken bekommen und der dunkelrote Lippenstift auf ihren mit kleinen Pusteln gesprenkelten Lippen war verschmiert. Gleiches galt für ihre kajalgeränderten Augen, die von leicht geschwollenen, türkisgefärbten Lidern überwölbt wurden. Zweifelsohne machte sie einen recht derangierten Eindruck. Auch ihr malvenfarbenes, dreigeteiltes Kleid schien verknittert. Das Kleid war nicht nur von fragwürdiger Eleganz, sondern unter dem mächtigen, fast uferlosen Busen mit einer schwarzen Bordüre abgesetzt. Es kam ihrer fülligen Figur nicht zugute, da es eben jene Bereiche besonders betonte, die sonst von Frauen mit stämmigem Körperbau eher kaschiert werden. Zu allem Unglück zog sich auch noch eine hässliche Laufmasche über ihre linke Wade. Das Haar, in einen Pagenkopf getrimmt, wirkte hingegen wie betoniert. Sie musste viel Festiger verwendet haben, um ihm eine solch' unverwüstliche Statik zu geben. Alles in allem wirkte sie erschöpft und mittelmäßig, alles in allem war das Leben mit ihr bislang wohl nicht sonderlich freundlich umgegangen.

Je länger ich bei ihr stand, desto mehr roch ich nun auch ihren strengen Körperdunst. Sie transpirierte erheblich und trug ein schweres Parfum mit starkem Veilchenakzent, dem sich eine leichte Note Brom zugesellte. Sie musste eine enorme Menge Butansäure produzieren, anders ließ sich der säuerliche Geruch ranziger Butter nicht erklären, der mir von ihr immer dann entgegenwogte, wenn sie sich bewegte.

Wie bei vielen Frauen, die das „Warum und Wozu" professioneller Kosmetik nie begriffen haben, waren auch ihre Achseln nicht rasiert. Lange Achselhaare, die sich zu feuchten Löckchen kringelten und tropften, machten sie abstoßender, als sie selbst je ermessen würde. Sie wirkte unglücklich und gehetzt und nach Besuch des 1. Akts der neuen, dantesken Schöpfung meines glücklosen Kameraden fast hysterisch.

Wer sich zum ersten Mal dem Wagnis stellt, Bastians Stücke anzusehen, entwickelt dabei starke Affekte. Ich war ihr demnach nicht böse, ignorierte ihre harsche Antwort, lächelte kurz und blickte ihr in die nervös blinzelnden, mausgrauen Augen. „Bitte verzeihen Sie meine Unbeherrschtheit", entschuldigte sie sich jetzt, eher kleinlaut, wie es ihrem unsicheren Naturell weit mehr entsprach, „ich war nur so konfus nach all dem Lärm da drinnen." Sie wedelte vage mit ihrer Ringhand in Richtung des Zuschauerraums. „Ist das ihre erste Begegnung mit Oberdorfer?", fragte ich sie gespreizt, wie ich es aus Kunstgazetten und langweiligen Gesprächen mit Theaterkritikern und selbsternannten Kulturkennern gelernt hatte. Der Theaterjargon fiel mir nicht schwer. Er bot wenig Überraschendes. „Ja, meine erste und wie ich hoffe auch ...", sie ließ der Phantasie Raum, ihren Satz zu beenden.

„Was treibt Sie hierher?", fragte ich sie, wirklich neugierig, was sie bewegen mochte, dieses trostlose Stück zu besuchen. Eine Freundin von Bastian war sie nicht und von der Presse war sie auch nicht. So blieben nicht mehr viele Alternativen übrig. „Mein Beruf treibt mich hierher", bekannte sie, heftig schluckend. „Ich bin Kulturreferentin und muss", sie verdrehte auf kokette, fast neckische Weise die Augen, „zu all diesen kleinen Spielstätten in der Stadt, um festzustellen, ob die öffentlichen Gelder gut investiert sind. Mein Chef", ihre Stimme wurde leiser, „hat für so etwas keine Zeit und", ihre Stimme gerann zu einem Flüstern, „wahrscheinlich auch kein Interesse. Und wer wollte es ihm verdenken, nicht wahr?" Sie blickte mich direkt an, schamlos offen, und diesmal waren ihre Worte auch ein implizites Angebot. Komm, lass uns gemeinsam abhauen, schien sie zu sagen, du gefällst mir. Wollen wir uns nicht irgendwo amüsieren? Auch ungestellt musste ich ihre Frage verneinen. „Es geht gleich weiter", sagte ich, finster entschlossen, sie im 2. Akt leiden zu sehen. „Wollen wir reingehen?" Enttäuscht blähte sie ihre Lippen, schaute mich verdrossen an und meinte: „Na dann, wenn Sie solche Sehnsucht haben?" Ich ignorierte ihre Ironie, ging voran und setzte mich, mit dem Mut des Verzweifelten, in die 1. Reihe, exakt in die Mitte, um mir keine Möglichkeit zu lassen, rasch und diskret zu fliehen. Die füllige Kulturreferentin folgte meinem Beispiel, setzte sich neben mich, hustete mehrmals lauter als notwendig, schuf sich einen bequemen Sitz und ließ, wie ich selbst, jede Hoffnung fahren. Dantes Motto „Lasst, die Ihr eintretet, jede Hoffnung fahren" war, das wusste ich, hier mehr als angemessen, es war für diesen Augenblick geschaffen. Und dann begann es.

Eine grell erleuchtete Bügelstube mit drei nackten, schmerbäuchigen Männern beherrschte die Bühne. Alle trugen schwarze Kniesocken, bügelten pfeifend Hemden, und wann immer einer mit großem Schwung sein Bügeleisen über einen Hemdsärmel gleiten ließ, stieß er mit den Hinterbacken an einen fettriefenden Sack, der, schenkte man der aufgenähten Beschriftung Glauben, Ohrenschmalz dummer Russen enthielt – eine Provokation, die sich, das sollte ich später erfahren, gegen Putins autokratische Herrschaft richtete.

Neben dem Bügelzimmer balgten sich zwei schreiende Frauen in Neoprenanzügen in einer Sandkiste, bis ein lauter Pfiff ertönte und der schwule Tänzer aus dem ersten Akt, jetzt gehüllt in einen schwarzen Ledermantel und auf dem Kopf das Barett eines deutschen SS-Offiziers, mit einer Peitsche die Bühne betrat und rief: „Schlampen vor. Männer habt acht. Gewehre in Anschlag gebracht." Die Gewehre, seine eindeutigen Gesten ließen keinen Zweifel aufkommen, waren die Geschlechtsteile jener bügelnden Männer, die sich nun daran machten, mit Fingerfarben Buchstaben an die schwarze Rückwand der Bühne zu malen, die, zumindest auf den ersten Blick, keinen Sinn ergaben. Erst nach mehrmaligem intensiven Schauen, als einzelne Buchstaben zu leuchten begannen, bildete sich ein lesbares Wort. Die Botschaft war: LEBEN.

Die Kulturreferentin, mit mir gemeinsam das letzte Opfer dieses unvergesslichen Abends, hatte zwischenzeitlich ihr Smartphone aktiviert und schrieb Nachrichten, während nun alle Akteure auf der Bühne Kasatschok tanzten und den alten ZK-Song grölten: „Zieht euch warm an, zieht euch warm an, denn die Kälte greift den Darm an."

Jetzt war auch ich an meine Grenzen gekommen und trat die Flucht an. Ich stakste mit meinen langen Beinen über die weit kürzeren der Kulturreferentin hinweg, die, vertieft in ihre E-Mails, nichts mehr mitzubekommen schien. „Ich muss etwas trinken", raunte ich ihr zu, „sonst verliere ich die Beherrschung." Sie grinste wissend, murmelte „nur zu", erhob sich ungelenk und kam mir nach. Die Inszenierung nahm nun ohne Zuschauer ihren Fortgang. Selbst für Bastians Stücke war das ein Novum.

Annette hatte ihm immer und immer wieder gesagt, dass er es einmal schließlich überreizen würde. „Die Zeit für deine postmodernen Interpretationen", erinnerte sie ihn mit unermüdlicher Geduld und einer ausgeprägten Fähigkeit, souverän zu lügen, „ist noch nicht gekommen." Annette wusste, nur noch absurde, zwangsfinanzierte EU-Projekte würden ihren Mann retten können. Ohne dass auch nur ein Brüsseler Beamter gefragt hätte, wozu und vor allem für wen, wurden Jahr für Jahr Millionen in die Entwicklung west-östlicher Theater-Koproduktionen investiert.

Annette behielt recht. Ihr nüchternes Kalkül hatte Bastian viele Türen geöffnet. Öffentliche Gelder flossen in Strömen, seitdem seine kryptischen Aufführungen in Rumänien, Ungarn und Lettland dreisprachig synchronisiert aufgeführt wurden. Mehrsprachige Inszenierungen in Theatern aufzuführen, ist immer dort interessant, wo, gleichgültig, was gegeben wird, ohnedies nur Schulklassen die Ränge bevölkern.

„In Eger", berichtete Bastian mir ein Jahr nach dem deutschen Puschkin-Debakel, befriedigt und freudestrahlend, „werde ich anerkannt und verstanden. Unlängst hatten wir volles Haus. 200 Schüler und 15 Lehrer sind gekommen zu GOETHE UNFINISHED". Bastians Augen flackerten lebhaft. Noch nie zuvor hatte er so viel Publikum.

„GOETHE UNFINISHED, wieso UNFINISHED?", fragte ich ihn, naiv und unbedarft, weil ich mir seinen Titel nicht erklären konnte. „UNFINISHED, weil Goethes Faust nie zu Ende gedacht wurde", erläuterte Bastian eifrig mit brüchiger Fistelstimme. Das obligatorische Trillern klang seltener durch als sonst, was für Bastian und seine sensible Psyche ein gutes Zeichen war.

Mich jedoch machte der Gedanke an Goethe beklommen. Goethe war mir immer suspekt geblieben. Sein Nachruhm war, nach allem was ich gelesen hatte, wohl eher planvoll konstruiert als verdient. Der GROßE Goethe ist der große ENNUI, von dem die Franzosen so viel zu erzählen wissen.

Bei Faust habe ich mich schon als Schüler gefragt, warum dieses Stück als deutsches Nationalepos durchgehen konnte. Ein gebildeter Mann verpfändet dem Teufel seine Seele, um an ein naives Mädchen mit Zöpfen heranzukommen? Ein hoher Preis, der mir nicht gerechtfertigt schien. Auch wenn ich um die deutsche Vorliebe wusste, selbst schlichte Romanzen in Katastrophen kulminieren zu lassen, war das des Guten etwas zu viel. Doch ein deutsches Nationalepos durfte nicht damit enden, dass Mann und Frau sich liebten, seelisch und physisch und zudem glücklich. Ein deutsches Nationalepos musste mit Irrsinn, Entleibung und späterer Apotheose im reinen Äther staatstragender Klassik oder Romantik-Empfindsamkeit enden.

Die Deutschen hatten schon immer bizarre Vorstellungen, was die wahre Liebe betrifft. Die Deutschen haben schon immer über das Jenseits das „hier und heute" vergessen, und dort nach Wahrheit gesucht, wo die Liebe die einzige Wahrheit ist, die zu finden sich lohnt.

Bastian und Annette jedoch kommen selten in die Verlegenheit, ihre Liebe zu hinterfragen oder gar zu leben. Bastian und Annette sind seit langem in Agonie erstarrt, woran auch Besuche bei Paartherapeuten nichts ändern können. „Ich will endlich Ich sein und ohne Angst leben", ist Annettes ewig-gleiches Mantra, dem Bastian wenig entgegensetzen kann oder möchte. Gefragt, ob er Annette noch liebe, sagte er mir: „Liebe ist nicht die Frage. Liebe ist nicht das Problem. Meine voraussichtlich geringe Rente macht sie wahnsinnig." Er zögerte kurz, ehe er fortfuhr und den neuralgischen Punkt benannte: „Ich will nur weg und sie will nur Geld. Was kann man da schon tun? Eine Lösung gibt es nicht." Gibt es nicht mehr, ergänzte ich in Gedanken.

Letztendlich hatte Annette ihrem Mann nie verziehen, dass sie keine Kinder bekommen hatten. Ihre Zweisamkeit war ein Grab enttäuschter Erwartungen, das – gleichgültig wie exotisch es bepflanzt wurde – kein neues Leben verhieß, sondern verbrauchtes Leben kompostierte.

Er, der Intellektuelle mit diversen Universitätsabschlüssen, hatte es nicht vermocht, sie, das ambitionierte Mädchen aus der Provinz, zu befriedigen und zu befrieden. Ihre monatlichen Blutungen hatten die Sinnlosigkeit einer Ehe beweint, deren einziger Triumph darin bestanden hatte, sich selbst zu überdauern.

Bastian, der nicht aufhören konnte, Stücke zu inszenieren, die keine Zuschauer fanden, musste in der heimischen Wohnung zwischenzeitlich mit einem Alkoven im Wohnzimmer vorliebnehmen. Der kleine Tisch in dieser drei Quadratmeter großen Denkerparzelle war alles, was ihm an Privatsphäre geblieben war, der kleine Tisch war die letzte Bastion in einem sonst verlorenen Krieg der Geschlechter.

„Ich werde ganz gewiss nicht mein eigenes Zimmer aufgeben, nur weil du es nicht schaffst, auch Geld zu verdienen", klärte Annette ihren Gatten schonungslos über ihre und damit auch seine Rechte im Alltagsleben ihrer Ehe auf.

Annette hielt sich viel darauf zugute, täglich arbeiten zu gehen. Sie vergaß nie, Bastian an sein Versagen zu erinnern; dennoch beharrte sie unerbittlich darauf, in jedem seiner Stücke die Hauptrolle zu spielen. „Bastian braucht mich als seine Muse. Sein Glaube an mich, mein

Aussehen und die Ausstrahlung meiner Persönlichkeit, ist weit größer als sein Talent. Damit haben wir schon manches Fiasko abgewendet", ließ Annette jeden wissen, warum sie an Bastians Produktionen immer noch teilnahm.

Wäre sie ehrlich gewesen, hätte sie zugegeben, dass sie in ihrer Eitelkeit nicht widerstehen konnte, sich zur Schau zu stellen. Sie liebte es, nackt auf der Bühne zu stehen, und war stolz auf ihre Figur, ihren Körper und ihren neu modellierten Busen. Um dem körperlichen Verfall entgegenzuwirken, hatte sie sich mit 45 Jahren ihre Brüste operieren lassen; auch an den Beinen hatte sie, unter Verwendung erheblicher finanzieller Mittel, experimentiert. Die Erfolge waren eher bescheiden und lagen hinter Annettes Erwartungen weit zurück. Sie blieb, was sie war: eine Frau nahe der Fünfzig, die sich verzweifelt suggerierte, sie sei noch ein junges Ding, reizvoll und wunderschön.

Bastian aber haderte Tag für Tag weiter mit sich, seiner Frau und der Welt. Er konnte nun, Mitte der Fünfzig, keine Ausflucht für sich entdecken, die nicht den Namen einer Krankheit trug, und so konsultierte er jeden Arzt seines Stadtviertels. Verzweifelt bemühte er sich, einen Platz in jenen Kliniken zu erhalten, die erschöpften Menschen mehrere Wochen „Urlaub vom Leben" gewähren. Der Gedanke, ohne schlechtes Gewissen krank und verzweifelt zu sein, war auf eine Weise verlockend, dass ihm jedes Mittel recht war, dieses Ziel zu erreichen.

Die Liebe, an die er vor langer Zeit geglaubt hatte, war zu einer stummen Bedrohung geworden. Seine Ehe ängstigte ihn fast noch mehr als Annette, die ihn schon lange aufgegeben hatte. Annette und er würden sich niemals einigen können. Bastian wusste, hellsichtiger als ihm lieb war, dass jenseits der Fünfzig keine Wunder mehr auf ihn warteten. Was ihm hingegen drohten, waren immer radikalere Entscheidungen seiner Frau und damit das Ende jeder Verliebtheit.

15. Die Bieder-Nymphomanin *oder* Begegnungen auf dem Jakobsweg

"Ich gehe auf den Jakobsweg", setzte mich Gundula telefonisch, mit unbeteiligter Stimme, in Kenntnis, als sei es für sie, eine übergewichtige, rasch alternde Frau, die Bewegung sonst eher in homöopathischen Dosen genoss, eine Selbstverständlichkeit, wandern zu gehen.

Gundula, die nie Ambitionen erkennen ließ, Distanzen anders als mit dem Auto zu überwinden, wollte tatsächlich eine Wallfahrt nach Santiago de Compostela antreten, von Nürnberg aus, zu Fuß und allein.

Ich schrieb diesen kühnen Entschluss Gundulas neu entdeckter Spiritualität zu, von der ich nicht wusste, welcher der zahllosen Lebensratgeber, die sie fortwährend konsumierte, ihr zugrunde lag. Gundula hatte schon viel erprobt und mich oft gelehrt, dass es besser war, ihr Streben nach Glück, egal, welchen Weg sie wählte, eher schweigsam zu begleiten.

Schon lange diskutiere ich keine Entschlüsse mehr, die das Seelenleben meiner Freunde betreffen. Gleichgültig, welche esoterischen, philosophischen oder religiösen Anwandlungen sie entwickeln, gleichgültig, was ihnen sinnvoll erscheint, um ihrer Seele Balance und Erlösung zu schenken, ich halte den Mund, nicke verständnisvoll und lächle zustimmend. Es kommt mir nicht zu, eine Wertung zu treffen, was wem zu helfen verspricht.

Ich selbst betrachte Religion als kulturelle Verirrung und bin damit, wie mir ein Freund nach seiner Konversion zum christlichen Lager unlängst bestätigte, "diskursunfähig" geworden.

Das Gieren nach Gott ist, wie jede Gier, weder hilfreich noch inspirierend, sondern von Aggression geprägt. Gott ist auch nur ein Wort, wenn auch ein sehr gewaltverheißendes Wort, das Kriege entfesseln kann. Doch die Menschen ersehnen nichts mehr als ein Heilsversprechen, das ihnen Sicherheit und die Gewissheit schenkt, nicht zufällig, sondern absichtsvoll auf diesem wundervollen Planeten gelandet zu sein. Die Wunder, die uns in unendlicher Anzahl umgeben, werden kaum zur Kenntnis genommen, das Wunder, am Leben zu sein, fast böswillig verkannt. Die Evolution mag akzeptiert werden, von Interesse für die Selbsteinschätzung eines Menschen ist sie eher nicht. Bei meinen Freunden ist es nicht anders. Damit habe ich mich, wenn auch schweren Herzens, arrangiert.

Was immer meine heilsuchenden Freunde zwischen vierzig und sechzig für sich als geistige Heimat entdecken, was immer ihnen plausibel erscheint, um Leben und Tod in Einklang zu bringen, ob Buddhismus, Hinduismus, Schamanismus, Ur-Christentum, Engelsglaube oder Tantra-Esoterik, ich lasse mich nie dazu verführen, ihre Entscheidung zu kommentieren oder gar zu bewerten. Bei Gundula machte ich dieses Mal jedoch eine Ausnahme.

Gundula war die einzige Freundin, auf deren Hilfe und Unterstützung ich blind vertrauen durfte. Wann immer ich große Sorgen hatte, war sie da, um mir tatkräftig zu helfen, und so verzichtete ich auf jeden Spott und fragte nur, mit sanfter Ironie nach ihren Motiven tastend: „Was willst du denn auf dem Jakobsweg? Ich dachte, der Nazarener sei für dich Vergangenheit?"

Gundula war auf dem Land groß geworden und wurde, wie zahlreiche Kinder Bayerns, römisch-katholisch sozialisiert, mit allen naheliegenden, aber auch abwegigen Folgen, die ihr Leben erheblich belasten sollten, physisch wie psychisch.

Seit ich Gundula kenne, hat sie mit Psychotherapie und -analyse experimentiert, um ihre Kindheit und Jugend zu überwinden. Die Erfolge blieben eher bescheiden. Das zeigte sich nicht zuletzt darin, dass sie, in immer kürzeren Intervallen, unkontrollierbare Fressattacken entwickelte, die ihr das Aussehen einer Mutter Courage bescherten.

Gundula war nicht länger kräftig oder füllig, Gundula, das stand außer Frage, war eindeutig fett. Ihr schon immer recht stämmiger Körper war binnen weniger Monate sukzessive und unaufhaltsam auf fast 100 Kilo angewachsen.

Gundulas Geschichte, die Geschichte einer heute siebenundfünfzigjährigen Frau, beginnt in einem Dorf nahe Garmisch, wo ihre unglücklich verheirateten Eltern, durchsetzt von dem moralischen Gift der Adenauer-Ära, eine Familie gegründet hatten, die wohl eher verzichtbar gewesen wäre.

Gundulas Kindheit war, wie die vieler Frauen ihrer Generation, ein Trauerspiel und das gewiss nicht allein, weil ihre Mutter ihr keine Liebe entgegenbrachte. Gundulas Kindheit war ein Trauerspiel, weil ihr niemand zuhören wollte. Ausgenommen ihres depressiven Vaters, eines erfolglosen Kunstmalers, war niemand da, der geglaubt hätte, Gundula besäße Talent.

Gundula erhielt, zusammen mit 90 Prozent der Mädchen ihres Jahrgangs, nach Besuch der Grundschule schließlich eine Empfehlung für die Realschule. Diese in ihrem Falle „eingeschränkte Empfehlung" verdankte sich Gundulas „Latenz zur Träumerei" und wurde von ihrer Mutter nicht in Frage gestellt oder gar kritisiert. Im Gegenteil bedankte sich Gundulas Mutter noch bei ihrem Klassenlehrer für das Wohlwollen, das er der kleinen, „eher entwicklungsschwachen Gundula", so der offizielle Wortlaut, entgegenbrachte.

Es kam ihr nicht in den Sinn zu glauben, Gundula, ein Mädchen, könne eine höhere Schule besuchen, das Gymnasium bestehen und dabei zwei Fremdsprachen und mehr als die Grundrechenarten erlernen, denn es kam ihr nicht in den Sinn, für ihr Mädchen etwas in Betracht zu ziehen, das ihr selbst als Mädchen versagt geblieben war.

Viele Mütter wünschen sich (vorgeblich) ein besseres Leben für ihre Töchter, viele Mütter tun sich jedoch (tatsächlich) schwer, wenn dieser Wunsch Wirklichkeit wird. Mütter, welche die Entwicklung ihrer

Töchter unterdrücken, sind fraglos genauso zahlreich wie jene, die sie fördern.

Gundulas Mutter war egomanisch, launisch und bisweilen sadistisch. „Das Leben ist hart, gerade für die Schwächsten", pflegte Gundulas Mutter zu sagen, wann immer ein Unglück geschah, und sie vergaß nie hinzuzufügen: „Und du, Gundula, bist ein Mädchen und ziemlich schwach, also sei besser vorsichtig."

Der Basiliskenblick ihrer Mutter hatte sie immer frösteln lassen, der Blick und mehr noch die seltsame Zärtlichkeit, die sich immer in ihre Gesten mischte, wenn sie Drohungen aussprach. So vergaß Gundulas Mutter nie, ihr sanft über den Kopf zu streicheln, sobald eine Bestrafung in Aussicht stand. „Ich kann dir gar nicht sagen, wie sehr ich mich freue, dass du oft bestraft wirst", beteuerte sie der kleinen Gundula mit einem boshaften Lächeln, „denn so hast du oft Gelegenheit, etwas zu lernen. Etwas Besseres kann dir bei deiner Intelligenz gar nicht passieren." Das heisere, rauchige Lachen, das dieser liebevollen Ermahnung folgte, ließ die kleine Gundula nie wagen, ein Wort zu erwidern.

Ihrer Mutter zu widersprechen, war ein absolutes Tabu. Gundula fürchtete ihre Mutter und sie tat gut daran. Ihre vielen, meist unmotivierten Gewaltausbrüche hatten Gundula schon früh begreifen lassen, dass die Diktatur Erwachsener keine Zugeständnisse kennt, sondern absolut und unerbittlich ist.

Seit ihrer Kindheit fühlte sie sich unzulänglich und hässlich, was sie, objektiv besehen, nicht war, doch unablässig zu erkennen glaubte. Objektiv besehen war sie jedoch viel zu dick geworden. Ihre Kleidung erinnerte an das Biedermeier. Ihre Frisur, ihr Schmuck und die immer zu farbenfrohen, wenn auch teuren Seidenschals wirkten, als kämen sie aus dem Fundus eines Heimattheaters. Ihre Essgewohnheiten degradierten sie zu einer Matrone mittleren Alters, die wenig bis gar keinen Anteil nahm, an der Welt, ihrer Schönheit und ihren Verführungen. Gundula war 50 Jahre und fühlte sich grau, verloren und alt.

Ihr Umzug aus der Provinz nach Nürnberg hatte nicht die ersehnte Wende gebracht. Eine desillusionierte, übergewichtige, ältliche Frau sah sie an, wenn sie sich in den Augen anderer betrachtete, die ihr oft Sympathie, öfter noch Gleichgültigkeit, doch niemals Liebe oder Leidenschaft entgegenbrachten.

Selbst Björn, ihr schwuler Untermieter, mit dem sie sich ihre 3-Zimmer-Altbauwohnung teilte – sie hatte, gleich zu Beginn, in einem Nürnberger Nobelviertel eine überteuerte Immobilie erworben und bediente nun zwei Kredite in beträchtlicher Höhe –, ließ sie nur als Mutterersatz gelten. „Süße", sagte er immer zu Gundula, wenn er am frühen Morgen, heimgekehrt von wilden Exzessen, in die Küche kam, wo Gundula gedankenverloren über ihrem rituellen Müsli vor Arbeitsbeginn kauerte, „du bist eine tolle Freundin, mein bester Kumpel und fast so etwas wie eine Mutter für mich." Dieser arglose Satz, als Lob gedacht, führte sie fast in den Wahnsinn, genauso wie die Tatsache, dass der junge, gut gewachsene und außergewöhnlich hübsche Mann, der bei ihr wohnte und oft, ganz unbefangen und ohne Scheu, nackt durch die Wohnung ging, sich in manchen Nächten depressiver Verstimmung sogar in ihr Bett legte, sich an sie presste und das, zu ihrem untröstlichen Kummer, ohne eine Erektion zu bekommen. Einmal hatte sie ihn gefragt, ob er etwas dagegen habe, wenn sie seinen Penis in die Hand nähme. „Nein", hatte er leicht amüsiert gesagt, „sofern es dich nicht stört, wenn ich weiter schlafe." Björn war sofort eingeschlafen und Gundula hatte still in die Kissen geschluchzt, ohne das schlaffe Glied aus der Hand zu geben, denn sie hatte großes Verlangen nach einem Penis oder, wenn sie ganz ehrlich zu sich wahr, nach jedem denkbaren Penis. 20 Jahre urbanes Leben in Nürnberg hatten Gundulas Persönlichkeit kaum geändert, wenn auch wirtschaftlich sehr gestärkt.

Als Chefsekretärin eines der größten Consulting-Unternehmen der Republik verdiente sie viel und hatte auch einige Privilegien, die ihr jedoch keine Freude bereiteten.

So stand ihr jeden Monat ein Wellness-Wochenende in luxuriöser Umgebung zu, an Orten, die eigens dafür geschaffen schienen, jungen, glücksverwöhnten Erfolgspaaren mit schlanken, makellosen Körpern Vergnügen und Entspannung zu schenken. „Hier", versprachen die aufwendig illustrierten Hotel-Prospekte, „finden Sie alles, nur keinen After-Business-Stress." Da sie keine Freunde hatte, versuchte sie, so oft wie möglich, Björn als Begleiter zu gewinnen. Meist tat er ihr den Gefallen, wenn auch nur, um sich, zumindest einmal pro Monat, von seinen oft komatös endenden Orgien zu erholen. Gundula war dankbar für seine Gesellschaft, beglich kommentarlos alle Rechnungen für Champagner oder andere kleinere Extravaganzen, auf die Björn nicht verzichten wollte, und ersehnte das Ende dieser Wochenenden mit fast religiöser Hingabe.

An den Montagen danach erzählte sie dann immer, dem Gesetz des Arbeitsklatsches folgend, wie viel Spaß sie mit Björn gehabt habe und wie sehr sie diese Wochenenden immer genieße. Das unmaßgebliche Detail, welcher Art ihre Beziehung zu Björn tatsächlich war, ließ sie unberührt.

Um die Camouflage perfekt zu machen, hatte sie ein Foto von Björn auf dem Schreibtisch stehen. „Das ist dein Freund? Gutaussehender Junge", hatte ihr Chef, ein immer braungebrannter, athletischer Sonnyboy erstaunt festgestellt. „Respekt. Ich hätte gedacht, er sei dein Sohn." Gundula war sofort errötet und hatte es genossen, in den Augen ihres Chefs wenigstens einmal eine Femme fatale zu sein, die junge Männer verführte. Diese Lüge verlieh ihr ein Gefühl von Zugehörigkeit, das sie sonst fast immer entbehren musste.

Das moderne Unternehmen, in dem sie jetzt arbeitete, war kein Vergleich zu der Universitätsbuchhandlung, in der ihr Berufsleben begonnen hatte. Ihr jetziges Unternehmen definierte die Bedeutung eines Menschen unmissverständlich über sein Aussehen und das Aussehen seines Partners. Nur Sekretärinnen und Technik-Nerds waren von diesem Karriere-Ranking ausgeschlossen, da sie als geschlechts- und bedeutungslose Notwendigkeiten galten, wie funktionale Möbel, die niemanden interessierten.

Eine Sekretärin hatte sich schlicht und ergreifend zu kümmern. Unter Umständen diente sie auch ein- oder zweimal für die Kompensation eines akut auftretenden Begehrens, mehr jedoch nicht. Eigentlich war sie „eher ein sprechender Computer mit taktilen Fähigkeiten als ein Individuum, dem persönliche Anwandlungen zukommen", so zumindest hatte sie einmal den unfassbar eitlen Vorsitzenden der gesamten Consulting-Group sprechen hören, als sie in einer Sitzungspause des Aufsichtsrats Kaffee und Omega-3 verheißende Lachsbrötchen servierte. Gundulas Anwesenheit hatte den Mann nicht im Geringsten gestört, er hatte sie weder wahr-, noch zur Kenntnis genommen. Gundulas Kaste war für ihn unsichtbar wie die Sklaven es in der Antike für ihre Herren waren.

In solchen Augenblicke schmerzte es Gundula besonders, kein Abitur zu haben und ewig abseits zu stehen. Auf den Status einer sprach- und tippfähigen Maschine mit hohen Tantiemen reduziert zu werden, machte sie wütend und traurig zugleich.

Sporadische Versuche, auf der Abendschule das Abitur nachzuholen, waren gescheitert. Mehr als der Unterricht nach einem langen Arbeitstag strengte sie an, wieder einmal von jedem sozialen und zwischengeschlechtlichen Geschehen ausgegrenzt zu sein. Eingruppiert in die Graue-Maus-Fraktion der anwesenden Frauen, wurde sie von Beginn an übersehen. Die Männer ihres Kurses nahmen sie, wie sonst auch, kaum zur Kenntnis und wenn, dann allein, um sie um ein Taschentuch oder eine andere Profanität zu bitten. Auch die hübschen, attraktiven Mädchen behandelten sie mit freundlicher Ignoranz oder besser gesagt – sie behandelten sie gar nicht. Es war entsetzlich und eine Demütigung, der sie kaum standhalten konnte. Ihr Leben, das spürte sie, benötigte eine radikale Veränderung, sonst würde es nie den Wünschen nahekommen, die sie seit langem quälten und an ihrem Selbstwertgefühl zehrten. Ein kardinaler, ein alle Lebensbereiche umschließender Wandel war unerlässlich. Sollte sie in diesem Leben noch ein Leben führen wollen, das als solches gelten durfte, war es höchste Zeit, die erforderlichen Schritte endlich einzuleiten.

Die Wende sollte nun der Jakobsweg bringen, auch weil der Jakobsweg bekannt dafür war, Singles zusammenzuführen. Das sagte Gundula mir natürlich nicht. Offiziell ging sie auf diese Wallfahrt, um ihre geistige Mitte zu finden. „Ich weiß, was du denkst, doch du irrst dich", gab mir Gundula in breitem Bayerisch zu verstehen, dass sie längst wusste, welche Motive ich ihr unterstellte, sich einer solche Tortur auszusetzen. Wie sehr ich ihr wünschte, statt ihres spirituellen Zentrums einen Mann zu finden, der ihr gefallen würde, blieb ungesagt, doch sollte wider Erwarten Erfüllung finden.

Wenige Tage nach ihrer Rückkehr aus Santiago de Compostela rief sie mich an, ekstatisch in ihrer Freude, einen Mann kennengelernt zu haben, der ihrem Ideal in allem zu entsprechen schien.

„Jean ist Franzose, unheimlich schön und klug und", sie zögerte, weiter zu sprechen, „geschieden und hat drei Kinder." „Nun, wenn er geschieden ist, musst du dir keine Sorgen machen, er könnte heimlich verheiratet sein", scherzte ich freundlich. „Du solltest ihn näher kennenlernen und ihn oft treffen", ermutigte ich sie, keine unbegründete Skepsis zu entwickeln. „Das werde ich", versicherte sie eifrig. „Wir haben vereinbart, uns jedes zweite Wochenende zu sehen, das ist doch toll, nicht?" „Ja, das ist toll" und anstrengend, fügte ich in Gedanken hinzu. Doch ich wollte sie keiner Illusionen berauben und wünschte ihr Glück.

Gundulas Franzose war, wie ich bei stundenlangen Gesprächen erfahren sollte, leicht depressiv, grüblerisch und sehr darauf bedacht, keine neue Krise in seinem Leben freizusetzen. Die Scheidung von seiner langjährigen Frau musste ihn schwer getroffen haben; auch das

Verhältnis zu seinen erwachsenen Kindern war nicht ganz unproblematisch.

Zehn Jahre älter als Gundula war er bereits in Pension und lebte, ruhig und zurückgezogen, nur wenige Kilometer von Lyon entfernt, in einem malerischen Ort. Dort trainierte er mit viel Energie für ausgedehnte Bergsteigertouren, die ihn oft für mehrere Monate in die Anden führten. Soweit sich das aus der Ferne beurteilen ließ, machte er, alles in allem, den Eindruck, ein angenehmer, kultivierter, wenn auch schwieriger Mensch zu sein.

Schweigsam, introvertiert und menschenscheu war er fast in jeder Beziehung das Gegenteil von Gundula, der es kaum gelang, länger als eine Minute den Mund zu halten. Gundula ließ keine Gelegenheit verstreichen, allen alles mitzuteilen und das in beträchtlicher Lautstärke. Ihr impulsives Naturell kontrastierte erheblich zu Jeans Eremitenwesen und das würde nicht folgenlos bleiben. Diesen Sachverhalt ließ ich in Gesprächen mit Gundula jedoch unerwähnt, da ich wusste, wie wenig es nutzte, Verliebte auf etwas hinzuweisen, das nicht dem entsprach, was sie über „Dieses obskure Objekt der Begierde" (Pierre Louÿs) zu wünschen hörten.

Es erstaunte mich nicht, wie sehr sie diese neue Inspiration genoss, es erstaunte mich jedoch sehr, von ihr zu hören, dass sie sich bereits nach wenigen Monaten dazu entschlossen hatte, alles hinter sich zu lassen, Deutschland den Rücken zu kehren und in Frankreich mit Jean ein neues Leben zu beginnen – und das ohne ein Wort Französisch zu sprechen.

Ihre Eigentumswohnung war bereits verkauft, unter großem Verlust für Gundula, die auch ihre Arbeitsstelle gekündigt hatte und in wenigen Wochen nach Lyon gehen würde, mit nichts als ihrer Kleidung und ihren Büchern. Alles, was sie über Jahrzehnte hinweg erworben und zusammengetragen hatte – Möbel, Bilder, Porzellan, selbst ihr Auto –, war verkauft.

„Ich gehe mit nichts als meiner Liebe", hatte sie mir, etwas zu theatralisch, unter Tränen mitgeteilt. Gundula neigte schon immer zu Pathos, das die Realität leider noch nie zu überlisten vermochte. Ich war gespannt, wie sich die Dinge entwickeln würden.

In unregelmäßigen Abständen informierte mich Gundula darüber, dass alles noch schöner geworden sei, als sie je anzunehmen gewagt hätte. Jean kümmerte sich voller Hingabe um Gundula, ermöglichte ihr ein mehrmonatiges Sprachstudium und machte sie mit allem vertraut, was Lyon sein besonderes Flair verleiht. Es schien für mehrere Jahre, als wären beide füreinander bestimmt, bis das Fundament ihrer Liebe zu erodieren begann, denn Jean musste nach einer schweren Operation für lange Zeit auf jede Intimität verzichten. Gundula, die mittlerweile fließend Französisch sprach, keine Gelegenheit versäumte auszugehen, neue Freundschaften pflegte, zahlreiche Bekannte und zudem eine Festanstellung in der Altstadt Lyons besaß – sie organisierte für ein deutsch-französisches Unternehmen bilaterale Strategiemeetings –, war darüber verärgert. Sie schämte sich etwas dafür, doch sie war ernsthaft erbost und begann Jean, obwohl sie wusste, dass seine Krankheit schwerwiegender war als er ihr sagte, heimlich Vorwürfe zu machen. Äußerlich hatte sie sich zwischenzeitlich sehr verändert.

Sie hatte abgenommen, trug eng taillierte, weit dekolletierte Kleider, durchbrochene Strumpfhosen und High Heels und schminkte sich mehr als ihr guttat. Sie begann es zu genießen, wenn sich ältere, meist vermögende Männer für sie interessierten. Sie hatte einen Blog eröffnet, in dem sie sich – ihre Dienste „als Luxuskurtisane" – unter dem Künstlernamen Madame Féron anbot und Erfahrungsberichte ihrer sexuellen Abenteuer publizierte. Parallel dazu hatte sie an einer privaten Akademie begonnen, „Esoterische Selbstwerdung" zu studieren, da sie scheinbar endlich begriffen hatte, dass ihre sexuelle Befreiung ihr auch die Möglichkeit schenkte, sich als Person und Karma-Wesen zu befreien.

Ich hatte von diesen Entwicklungen eher zufällig bei einem zweitägigen Ausflug nach Paris erfahren. Jean lag krank im Bett und Gundula war mit mir nach Paris gefahren, um gut zu essen, und so saß ich schließlich im Les Trois Princes, einem extravaganten Restaurant, das selbst für französische Großbürger etwas zu exklusiv ist, versuchte mich an einer Hummerschere und trank einen Pomerol, dessen Jahrgang mich schaudern ließ.

„Ich zahle, keine Diskussion", hatte Gundula strikt verfügt, als wir, dort angekommen, auf Louis Seize-Sesseln Platz nahmen, die in einem Salon standen, der seit Ende des 18. Jahrhunderts keine Veränderung erfahren hatte.

Scheu blickte ich mich um, sah etwas erschrocken am Nebentisch in das gealterte Gesicht Isabelle Hupperts, konzentrierte mich verlegen wieder auf den in luxuriöser Kristallkaraffe servierten Wein und wartete, was Gundula mir zu beichten hatte. „Du guckst so befremdet", ging sie gleich in medias res und fixierte mich streng, fast vorwurfsvoll.

Ihr auffälliges Kleid gab ihr tatsächlich das Aussehen einer Edelnutte und setzte mich in Verlegenheit. Ich wusste kaum, wohin ich meine Blicke wenden sollte, ohne auf ihre fleischigen Brüste zu schauen. „Gundula, mir ist bei all dem nicht wohl. Wozu dieser Luxus und das teure Lokal? Was ist los mit dir?" Gundula begann schwer zu atmen, presste ihre Lippen mit mühsam unterdrückter Wut zusammen, griff unvermittelt nach meiner Hand, drückte sie bis sie schmerzte und sagte kühl und das auf Hochdeutsch: „Du bist ein dummer Junge. Hast du wirklich geglaubt, die Sache mit Jean hält ewig? Liebe ist eine Illusion, verstehst du, eine Illusion der Ahnungslosen." „Das sehe ich anders", antwortete ich ruhig, entzog ihr sanft meine Hand und fragte mich ernsthaft, ob ich, wie sie sagte, ein dummer Junge sei, weil ich der Liebe eine Kraft zusprach, die alles verwandeln und heilen konnte. Genau das hatte mich die Liebe zu Luise gelehrt, genau das hatte mich Luises Liebe für mich gelehrt.

Nach Jahren des Vegetierens in preußischer Tristesse hatte mein Leben eine Volte geschlagen, die ohne Luises Liebe illusorisch geblieben wäre. „Jean gab dir seine ganze Liebe", begann ich stockend und nach den richtigen Worten tastend. „Trotz seiner Ängste, dir nicht gerecht zu werden, hat er sein ganzes Leben geändert und versucht, dich glücklich zu machen. Ist das falsch?" Gundula wurde traurig. „Daran ist ganz bestimmt nichts falsch, doch du irrst dich, wenn du denkst, er habe mich auf diese Weise geliebt."

Gundula schaute mich melancholisch an und begann zu erklären: „Es gibt drei Arten, in Frankreich zu heiraten. Die dritte und unbedeutendste Variante steht Homosexuellen offen und heterosexuellen Paaren, die sich nicht dazu entschließen können, füreinander Verantwortung zu übernehmen, wirtschaftlich oder auch im Krankheitsfall. Diese Ehe bedeutet nichts. Sie ist ein formaler Akt, der sich postalisch erledigen lässt und dazu führt, dass in irgendeiner Kanzlei der Vermerk hinterlegt wird, dass Madame A und Monsieur B sich dazu entschlossen haben, einander anzuerkennen. Das, mein lieber Clemens, hat mir Jean zugestanden, das", sie schluckte mehrmals heftig, „und nicht mehr."

Gundula war in sich zusammengesunken, zitterte leicht und wühlte mit fahrigen Händen in ihrer Tasche. In diesem Augenblick sah ich, welche Verheerungen das Alter sich vorbehält, für jene von uns, die nach einem halben Jahrhundert damit beginnen, sich neu zu erfinden.

Die Adoleszenz ist, auch wenn sich viele bemühen, ihre Jugend zu glorifizieren, meist eine Ära der Demütigungen. Genau wie das sechste Lebensjahrzehnt, das für viele wenig Anlass bietet, glücklich zu sein. Die Demütigungen werden zahlreicher, glaubhafte Liebesbekenntnisse aber weit seltener, sobald das Alter endgültig dominiert. Manch eine liebeshungrige Seele sieht sich mit 50 Jahren in den freudlosen, grauen Stuben lebensfeindlicher Puritaner sitzen, die kein Lächeln kennen als das des Geldes.

Ich hatte und habe noch immer keinen Trost für Gundula. Umso mehr hoffe ich, ihre Exzesse in fremden Hotelzimmern, die sie fotografisch dokumentiert und unter falschem Namen publik macht, schenken ihr, wonach sie verlangt.

Jeder zweite Mann über fünfzig betrügt seine Frau nahezu wöchentlich. Jede dritte Frau hat einen Liebhaber, den sie regelmäßig zuhause, im Bett ihres Mannes, empfängt.

Wie viele, statistisch besehen, Betrüger und wie viele Betrogene sind, lässt sich kaum sagen und ist auch am Ende ohne Belang. Statistiken haben keine Bedeutung für jene, die den Präzedenzfall leben dürfen, denn Statistiken sind ähnlich promiskuitiv wie jene Frauen und Männer, die ihre alternden Körper vergessen wollen, indem sie junge Körper kaufen, für Stunden besitzen und wieder verlieren wie ihre Hoffnung, noch schön zu sein.

Ein Bekannter, vor kurzem 56 Jahre geworden, eröffnete mir nach Genuss zweier Flaschen Wein und zahlreicher Obstbrände, nichts fasziniere ihn mehr, als ein nacktes, farbiges Mädchen auf weißen Laken: „Ein-, zweimal im Monat gönne ich mir den Luxus, eine junge Schwarze zu kaufen, die", kurz schien er verlegen, „nicht älter als sechzehn ist und alles tut, was ich will." Ich verzichtete auf die übliche Empörung, blickte ihm konzentriert in die glasig gewordenen Augen und fragte ihn, neutral und ohne sichtliche Regung, eher wie ein Ethnologe, der zum ersten Mal etwas über die eigentümlichen Gebräuche eines fremden Volksstamms erfährt: „Und wozu soll das gut sein?" „Wozu das gut sein soll?" Meine Frage überraschte ihn mehr als erwartet. In seinem betrunkenen Cortex regte sich Nachdenklichkeit und so war die Antwort erstaunlich reflektiert: „Ich denke, es hat etwas damit zu tun, dass ich über fünfzig bin. Mit fünfzig hast du keine Frau mehr, die dich fasziniert, mit fünfzig hast du eine Mutti, die deine Kinder erzieht und selbst im Urlaub indisponiert ist."

In wenigen Tagen werde ich selbst fünfzig sein, in wenigen Tagen werde ich lächelnd auf die Aussichtsterrasse eines Lebensjahrzehntes treten, von dem ich weiß, dass es das glücklichste meines Daseins wird.

Luise wird bei mir sein, Luise und Gretchen, unser Herzenskind. Sie sind für mich das strahlende Zwillinggestirn meines Lebens. Sie weisen mir meinen Kurs und navigieren mich in Gewässer, die keine Klippen kennen und ein Versprechen sind, für mich und unsere kleine Familie, die alles ist, was ich bin, und mehr als ich je zu ersehnen wagte.

Ihre Liebe umschließt mein Gestern, mein Heute und Morgen. Ihre Liebe ist Freiheit und keine Beschränkung. Ihre Liebe ist Licht und Glück. Ihre Liebe ist – alles.

Michael Haas, Dr. phil., ist Autor zahlreicher wissenschaftlicher Aufsätze und Essays sowie eines Buches zur Literatur der Wiener Moderne (*Sigmund Freud als Essayist*. Hamburg 2004). Im Jahr 2010 publizierte Haas in Wien mit *Becirct* eine umfangreiche Künstlernovelle.
50 – Licht und Schatten ist sein erster Roman.
Korrespondenz erreicht ihn unter: drmichaelhaas@web.de

Bereits erschienen in der Edition Outbird:
Ralf Bruggmann „Hornhaut - Wortlandschaften"

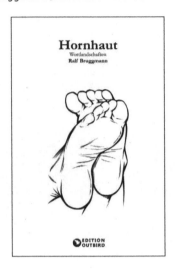

Ralf Bruggmann ist Meister der Stillleben. Er erzeugt in seinen Texten Sphären, die Schauer der Gänsehaut erzeugen, einem nicht selten beim Lesen den Atem rauben. Oftmals handelt es sich um ein oder maximal zwei Personen, und oftmals scheint Bruggmann mit einer scheinbar einfachen wie herausragenden Sprache das weibliche Wesen oder vielmehr die weibliche Angst zu ergründen.
Willkürlich(eingefroren)e Situationen, in denen die Umgebung im Zeitverlust erstarrt und die ProtagonistInnen im Mittelpunkt zu Sehnsucht, Begierde, unerfüllter Liebe, Verlorenheit oder gar dem Abgrund hinter sommerlicher Leichtigkeit kulminieren.
Bruggmanns Wortlandschaften haben eine ähnlich berauschende - wahlweise beklemmende - Wirkung wie ein gutes Musikstück oder ein einzigartiger Film.

ISBN 978-3-95915-103-0, Preis: 9,90€
Erhältlich unter: shop.outbird.net

Bereits erschienen in der Edition Outbird:
Frau Kopf „Brachialromantik"

Frau Kopf legt mit „Brachialromantik" ihr zweites Buch vor. In der ihr ureigenen Textform zwischen Prosa und Short Stories zeigt sich ihre tiefe Leidenschaft für und in Liebe, Schmerz, hoher Sensibilität und einer schier endlosen Verletzbarkeit. Sie sieht genau hin, will die Menschen da draußen verstehen, streut Salz in die liebenden Herzen und operiert am offenen Leben.

Ihre Texte fühlen sich oft wie Rausch und Messerklinge zugleich an, wenn sie den Dämonen Mobbing, Depression und Sexismus Sprachbilder gibt und sensible Lebenslandschaften, Beobachtungen und Menschenschicksale skizziert. Sie nimmt die Leserinnen und Leser mit in die Risiken und Nebenwirkungen des Sichzeigens, von Lust und bedingungsloser Liebe, aber auch in Achtsamkeit, Unabhängigkeit, Wertfreiheit und ein Leben ohne Masken, Lügen und Schubladen.

Jede ihrer Zeilen ist eine kleine Perle, die man immer wieder lesen und nachschwingen lassen mag. Schmerzhaft, bewusst und liebevoll zugleich.

ISBN 978-3-95915-105-4 , Preis: 9,90€
Erhältlich unter: shop.outbird.net

Agentur | Verlag | Shop
für alternative (Genuss)Kultur

- Plattform für Literatur, Kunst und Kultur

- Herausgabe des „Outscapes - Magazin für alternative Kultur"

- Verlag für handverlesene Editionen zwischen Bild- + Wortkunst

- Leseevents (mit musikalischer Begleitung, Whisky-Tastings u. a.)

Outbird
Haeckelstraße 15 | 07548 Gera
Telefon: 0365 / 20 46 94 91 | Fax: 0365 / 730 22 69
eMail@info@outbird.net

Outbird.net | Outscapes.de | Edition-Outbird.de
>> Onlinestore: shop.outbird.net <<